中国教育学会中学语文教学专业委员会专家审定

庄 子
【道家学派的巅峰之作】

〔战国〕庄周◎著
"青少年经典阅读书系"编委会◎主编

首都师范大学出版社
CAPITAL NORMAL UNIVERSITY PRESS

图书在版编目(CIP)数据

庄子/《青少年经典阅读书系》编委会主编.—北京：首都师范大学出版社,2011.12(2023年10月重印)
(青少年经典阅读书系.国学系列)
ISBN 978-7-5656-0600-7

Ⅰ.①庄… Ⅱ.①青… Ⅲ.①道家 ②庄子-青年读物 ③庄子-少年读物 Ⅳ.①B223.5-49

中国版本图书馆 CIP 数据核字(2011)第 255917 号

庄 子

《青少年经典阅读书系》编委会 主编

策划编辑	李佳健

首都师范大学出版社出版发行

地　　址	北京西三环北路 105 号
邮　　编	100048
电　　话	68418523(总编室)　68418521(发行部)
网　　址	www.cnupn.com.cn
印　　厂	汇昌印刷(天津)有限公司
经　　销	全国新华书店发行
版　　次	2012 年 9 月第 1 版
印　　次	2023 年 10 月第 4 次印刷
书　　号	978-7-5656-0600-7
开　　本	710mm×1000mm　1/16
印　　张	9.5
字　　数	13.8 千
定　　价	24.00 元

版权所有　违者必究
如有质量问题请与出版社联系退换

总 序
Total order

　　被称为经典的作品是人类精神宝库中最灿烂的部分,是经过岁月的磨砺及时间的检验而沉淀下来的宝贵文化遗产,凝结着人类的睿智与哲思。在滔滔的历史长河里,大浪淘沙,能够留存下来的必然是精华中的精华,是闪闪发光的黄金。在浩瀚的书海中如何才能找到我们所渴望的精华,那些闪闪发光的黄金呢?唯一的办法,我想那就是去阅读经典了!

　　说起文学经典的教育和影响,我们每个人都会立刻想起我们读过的许许多多优秀的作品——那些童话、诗歌、小说、散文等,会立刻想起我们阅读时的那种美好的精神享受的过程,那种完全沉浸其中、受着作品的感染,与作品中的人物,或者有时就是与作者一起欢笑、一起悲哭、一起激愤、一起评判。读过之后,还要长时间地想着,想着……这个过程其实就是我们接受文学经典的熏陶感染的过程,接受文学教育的过程。每一部优秀的传世经典作品的背后,都站着一位杰出的人,都有一颗高尚的灵魂。经常地接受他们的教育,同他们对话,他们对社会、对人生的睿智的思考、对美的不懈的追求,怎么会不点点滴滴地渗透到我们的心灵,渗透到我们的思想和感情里呢!巴金先生说:"读书是在别人思想的帮助下,建立自己的思想。""品读经典似饮清露,鉴赏圣书如含甘饴。"这些话说得多么恰当,这些感

总　序
Total order

受多么美好啊！让我们展开双臂、敞开心灵，去和那些高尚的灵魂、不朽的作品去对话、交流吧，一个吸收了优秀的多元文化滋养的人，才能做到营养均衡，才能成为精神上最丰富、最健康的人。这样的人，才能有眼光，才能不怕挫折，才能一往无前，因而才有可能走在队伍的前列。

《青少年经典阅读书系》给了我们一把打开智慧之门的钥匙，会让我们结识世界上许许多多优秀的作家作品，会让这个世界的许多秘密在我们面前一览无余地展开，会让我们更好地去感悟时间的纵深和历史的厚重。

来吧！让我们一起品读"经典"！

国家教育部中小学继续教育教材评审专家
中国教育学会中学语文教学专业委员会秘书长

丛书编委会

丛书策划 复 礼
　　　　　王安石
主　　编 首 师
副主编 张 蕾
编　　委（排名不分先后）
　　　　张 蕾　李佳健　安晓东　石 薇　王 晶
　　　　付海江　高 欢　徐 可　李广顺　刘 朔
　　　　欧阳丽　李秀芹　朱秀梅　王亚翠　赵 蕾
　　　　黄秀燕　王 宁　邱大曼　李艳玲　孙光继
　　　　李海芸

阅读导航

《庄子》是我国先秦时期主要的哲学和文学著作,在中国文学史、哲学史中都有极为重大的影响。鲁迅先生曾经这样评价《庄子》:"其文则汪洋辟阖,仪态万方,晚周诸子之作,莫能先也。"(《汉文学史纲要》)

在先秦诸子散文中,《庄子》艺术成就最高。作者在书中展开丰富的想象,创造出很多奇丽瑰玮的境界和奇诡精妙的寓言故事,使深奥的哲理变得生动形象,诗意盎然。

一、哲理与诗意的交融

庄子哲学的核心是人生问题,他在讲述哲学道理的时候,注重表现生活理想和内心感受,全书带有强烈的主观性和抒情性。庄子渴望摆脱丑恶的现实,进而摆脱束缚,达到绝对自由的境界。他热情讴歌至高无上的大道,赞美其理想人格的化身,书中用饱含激情的笔触,描写体道、得道的情景,形成诗意盎然的艺术境界。《逍遥游》中大鹏展翅高飞,翱翔于天地之间,展示了一幅宏伟壮阔的图景。相比之下,受自身条件限制的朝菌之类显得格外渺小。但作者进一步指出,真正的逍遥游是"乘天地之正,御六气之辨,以游无穷"。《养生主》写庖丁解牛,其动作得心应手,出神入化,"合于《桑林》之舞,乃中《经首》之会",如此精妙绝伦的表演,就是作者要赞美的得道的境界。

二、异彩纷呈的寓言故事

庄子认为,至高无上的大道难以用语言来表达,也不能用具体感官和逻辑思维去把握,只能借助于直觉体悟。由于强调直觉体悟,庄子在论道时很少作纯理论的阐述,而是把深奥的哲理化作具体的生动的艺术形象,他的书中有很多的寓言故事。和其他的战国寓言相比,《庄子》的寓言独具寓真实于诡诞的浪漫特色。这些寓言诙谐诡怪,充满奇幻色彩。如运斤成风的匠石,七窍皆无的混沌,奇形怪状的支离疏。《庄子》的寓言还有超乎言意之表的特点。庄子主张"得意忘言",因此他很少把寓言的寓意点明,而是留给读者去体悟。

三、意出尘外的想象

《庄子》一书充满了奇幻而丰富的想象。作者展开想象力，创造了光怪陆离的艺术世界，无论其中的形象、情节还是意境，都是那么神奇莫测，出人意表。作者从神话中吸收了很多材料，加以匠心独运地艺术改造，编织出新奇怪诞的形象和故事。如，他根据《山海经》中"姑射之山"的记载，创造了藐姑射之山的神人这一奇异形象。庄子取南北文化之精华，广泛吸收民间文学养料，开创了古代浪漫主义散文。

四、汪洋恣肆的文章形式

《庄子》的散文已经形成完整的篇章结构，特别是内篇的作品，每篇都有明确的中心思想。庄子不屑于按照固定的程式和规范去组织文章，其行文信笔挥洒，不拘一格，文中忽而议论，忽而譬喻，忽而叙事，纵横驰骋，变化莫测。他常常连缀多则寓言与对话，而故意将行文线索隐蔽起来。文章结构富于跳跃性，段与段之间似断实连。

《庄子》对后世的影响是很深远的。它直接影响了后世作家的创作风格。如，李白超拔的想象力，豪放飘逸、意象奇特，大胆夸张的诗风，与《庄子》有一脉相承的关系。举凡后世常用的比喻、夸张、排比、对偶等，都可在《庄子》中找到。

目录

内篇

逍遥游 / 2

齐物论 / 11

养生主 / 29

人间世 / 33

德充符（节选）/ 50

大宗师 / 58

应帝王 / 75

外篇

骈拇（节选）/ 82

马蹄（节选）/ 84

胠箧（节选）/ 86

在宥（节选）/ 90

秋水 / 94

达生 / 109

杂篇

盗跖（节选）/ 123

渔父 / 132

内 篇

逍 遥 游

【原文】

北冥有鱼①,其名为鲲②。鲲之大,不知其几千里也;化而为鸟,其名为鹏③。鹏之背,不知其几千里也;怒而飞④,其翼若垂天之云⑤。是鸟也,海运则将徙于南冥。南冥者,天池也。

【译文】

北方大海里有条鱼,它的名字叫鲲。鲲的躯体之大,不知大到几千里;化变成鸟,它的名字叫鹏。鹏的脊背,不知道有几千里长;当它奋飞时,它的双翅就好像天上遮住天边的云。这只鸟,当海上大风刮起时,便乘风而飞往南海。南海,是天然形成的大池。

【原文】

《齐谐》者①,志怪者也②。《谐》之言曰:"鹏之徙于南冥也,水击三千里③,抟扶摇而上者九万里④,去以六月息者也⑤。"野马也⑥,尘埃也,生物之以息相吹也。天之苍苍,其正色邪?其远而无所至极邪?其视下也,亦若是则已矣。

【译文】

《齐谐》这本书,是专门记载怪异事情的。此书记载说:"鹏飞去南海时,鹏翼拍水而起,激起三千里波涛,环绕旋风而冲天直上九万里,离开北海六个月方至南海,而后停下来休息。"游气和尘埃,都要借助自然界生物呼吸之气的吹拂而在空中飘荡。天的深蓝色,是其本色吗?它高远得看不到尽头?大鹏从天

【注释】

①冥(míng):同"溟",指海。北冥:北海。下文"南冥"类此。因海水深黑而得名,故下文又称"冥海"。
②鲲(kūn):大鱼名。
③鹏:即古"凤"字,大鸟名。
④怒:奋发的样子。
⑤垂:通"陲",边际。垂天:天边。

【注释】

①齐谐:书名。出于齐国,内容多诙谐怪异,故名"齐谐"。
②志怪:记载怪异的事情。志,记述。
③击:拍击。
④抟(tuán):环绕。扶摇:旋风。九万里:形容极高。上文"三千里"形容极远,三、九都是虚指,形容数之多。

上往下看，也同人向天上看一样，是看不到真相的。

【原文】

且夫水之积也不厚①，则其负大舟也无力②。覆杯水于坳堂之上③，则芥为之舟④；置杯焉则胶⑤，水浅而舟大也。风之积也不厚，则其负大翼也无力。故九万里，则风斯在下矣，而后乃今培风；背负青天而莫之夭阏者，而后乃今将图南。

【译文】

江河积水不深，它就没有力量载大船。倾倒一杯水在厅堂低洼处，一棵小草浮在水面上就如同是一只小船；放只杯子在上面就会搁浅，那是水浅而船大的原因。风力不大，就没有力量承载鹏的巨大翅膀。所以，鹏高飞九万里，大风尽在它下面，而后方能乘风飞行；背负青天而没有阻碍，而后方能向南方飞去。

【原文】

蜩与学鸠笑之曰①："我决起而飞②，抢榆枋③，时则不至，而控于地而已矣④，奚以之九万里而南为⑤？"适莽苍者⑥，三飡而反⑦，腹犹果然；适百里者，宿舂粮；适千里者，三月聚粮。之二虫又何知！

【译文】

寒蝉与小斑鸠讥笑大鹏说："我们从地面疾速飞起，遇到榆树和檀树的树枝就停下来；有时飞不上去，便落在地下。为何要到九万里的高空而向南飞去呢？"到迷茫的郊野去，携带三餐就能往返，肚子还是很饱的。到百里的地方去，只需要携带过一宿的口粮。到千里以外的地方去，需要积蓄三个月的用粮。寒蝉和小斑鸠，又知道什么呢！

⑤息:止息。
⑥野马:游气。

【注释】

①且:递进连词。夫:助词,表示要发议论。且夫:表示要进一步论述,有提起下文的作用。
②负:载。
③覆:倒。坳(ào)堂:堂"中凹处"。
④则芥句:那就只有小草可以当船。芥:小草。
⑤置:放。焉:于此,在这里。

【注释】

①蜩(tiáo):蝉。学鸠:斑鸠。
②决(jué)起:迅速飞起。
③抢(qiāng):突,冲上。
④则:或。控:投。
⑤奚以:为何。之:往。"奚以……为";相当于"为什么要……呢"。
⑥适:往。莽苍:郊野景色,引申为近郊。
⑦反:通"返"。

【注释】

①知(zhì):通"智"。不及:赶不上,比不上。

②年:寿命。小年:短命。大年:长寿。

③蟪蛄(huìgū):寒蝉。春秋:指整年。

④冥灵:树名,一说大龟名。

【原文】

小知不及大知①,小年不及大年②。奚以知其然也?朝菌不知晦朔,蟪蛄不知春秋③,此小年也。楚之南有冥灵者④,以五百岁为春,五百岁为秋;上古有大椿者,以八千岁为春,八千岁为秋。而彭祖乃今以久特闻,众人匹之,不亦悲乎?

【译文】

智慧小的人不如智慧大的人,寿命短的人不如寿命长的人。怎么知道此种道理呢?朝菌不知有晦朔,蟪蛄不知春秋。这就是短寿。楚国的南方有只大龟,把五百年当做春,把五百年当做秋。上古时代传说有棵大椿神树,把八千年当做春,把八千年当做秋,这就是长寿。而彭祖至今还以长寿而闻名于世,人们与他相比,不也是很可悲的吗?

【注释】

①汤:商汤,商朝第一个王。棘:即夏革,商时大夫,汤以他为师。是已:是也,就是这样的,表示肯定。

②穷发:不毛之地,连草都不长的地方。

③修:长。

④羊角:形容旋风旋转如羊角的状态。

⑤绝:超越。

⑥且:将。

【原文】

汤之问棘也是已①:"穷发之北②,有冥海者,天池也。有鱼焉,其广数千里,未有知其修者③,其名为鲲。有鸟焉,其名为鹏,背若太山,翼若垂天之云;抟扶摇羊角而上者九万里④,绝云气⑤,负青天,然后图南,且适南冥也⑥"。

【译文】

商汤询问夏革的话是这样的:"北极草木不生的地方,有个大海,就是天池。那里有种鱼,它的脊背有数千里,没有人能知道它究竟有多长,此鱼名字叫鲲。那里有种鸟,它的名字叫鹏,脊背像泰山那样高大,翅膀像遮蔽天边的云。鹏奋起而飞,环绕旋风直上九万里高空,穿越云气,背负青天,然后向南方飞去,将飞到南方的大海。

【原文】

　　斥鷃笑之曰①：'彼且奚适也②？我腾跃而上，不过数仞而下③，翱翔蓬蒿之间④，此亦飞之至也。而彼且奚适也？'此小大之辩⑤也。

【译文】

　　斥鷃讥笑它说：'大鹏将飞往何处？我跳跃而飞起，不过几丈高便落在地上，翱翔在蓬蒿丛中，这就是我飞翔的最高限度。而大鹏究竟要飞到什么地方去？'这便是小与大的区别了。

【注释】

①斥鷃：生活在小池泽的一种小雀。
②彼：指大鹏。
③仞：八尺。一说七尺。
④翱翔（áoxiáng）：展翅回旋地飞。
⑤辩：通"辨"。

【原文】

　　故夫知效一官①，行比一乡②，德合一君，而徵一国者，其自视也，亦若此矣。而宋荣子犹然笑之③。且举世而誉之而不加劝④，举世而非之而不加沮⑤，定乎内外之分，辩乎荣辱之境，斯已矣。彼其于世，未数数然也。虽然，犹有未树也。

【译文】

　　所以，才智能够胜任一官之职，行为能够适合一乡之人的心意，品德能使国君满意而又能取信一国人民者，他们陶醉于自己的处境，与斥鷃、蜩、学鸠之类并无区别。而宋荣子却讥笑他们。全社会的人都赞扬宋荣子，他不会因此奋发向前；全社会的人都非难他，他也不会因此而感到沮丧。宋荣子能够确定自我与外物的区别，辨别荣与辱的界限，不过如此而已。他活在世上，并不积极追求虚名。虽然如此，宋荣子还是未能超然物外，自立于逍遥无为的最高境界。

【注释】

①故夫：所以。夫：句中语气词。知：通"智"。效：胜任。
②比：适合。
③宋荣子：即宋钘（jiān），宋人，与孟子同时。犹然：讥笑的样子。
④且：发语词。劝：奋勉。此句与以下几句，皆指宋荣子而言。
⑤非之：非难他。不加沮：不感到丧气。

【注释】

①列子：姓列名御寇，郑国人。御：乘。

②泠(líng)然：轻快的样子。善：妙。

③有所待：指依赖于风。有依赖就算不上绝对自由。

④恶(wū)：何。

⑤至人三句：无己：去我顺物。无功：不求有功。无名：不求名声。

【原文】

夫列子御风而行①，泠然善也②，旬有五日而后反。彼于致福者，未数数然也。此虽免乎行，犹有所待者也③。若夫乘天地之正，而御六气之辩，以游无穷者，彼且恶乎待哉④！故曰：至人无己，神人无功，圣人无名⑤。

【译文】

列子能乘风行走，样子轻妙极了，十五天后能够返回。列子对寻求幸福，并不积极追求。列子虽然免于步行，还是要凭借风力而行。若能遵循自然规律，乘着六气的变化，逍遥于自由的境界，他还依赖什么呢？所以说：得道的人能够达到忘我、超脱功利和超脱名声的境界。

【注释】

①尧：传说中的古帝王。许由：传说中的隐士。

②爝(jué)火：火炬。

③夫子：古时对男子的尊称，这里指许由。而：则。

④缺然：指不够资格做君主的样子。

⑤致：送。请致天下，请让我把天下交给你。

⑥宾：从属、派生的东西。

⑦鹪鹩(jiāoliáo)：巧妇鸟。

⑧偃鼠：一种大鼠。饮河：在河饮水。

【原文】

尧让天下于许由①，曰："日月出矣，而爝火不息②，其于光也，不亦难乎！时雨降矣，而犹浸灌，其于泽也，不亦劳乎！夫子立而天下治③，而我犹尸之，吾自视缺然④。请致天下⑤。"许由曰："子治天下，天下既已治也，而我犹代子，吾将为名乎？名者，实之宾也⑥，吾将为宾乎？鹪鹩巢于深林⑦，不过一枝；偃鼠饮河⑧，不过满腹。归休乎君，予无所用天下为！庖人虽不治庖，尸祝不越樽俎而代之矣。"

【译文】

尧要把天下让给许由，说："日月已经高升天空，火把还不熄灭，要与日月比光，不是很难的吗？季雨已经普降，还在浇水灌溉，这对润泽禾苗，不是徒劳吗？你若立为天子，天下一定太平，而我还徒居天子之位，我真是自愧能力不足。请允许我把天下让给你。"许由说："你治理天下，天下既然已太平，而我代替你，我难道是为了名声吗？名声，是实体的派生之物。我将去追求这派生的东西？鹪鹩在深林里筑巢，不过占有一条树枝；偃鼠在河中饮水，不过喝饱肚子。你回去算了，我用不着天下。厨工不做厨工的事，主祭人也不会越位代替厨工做烹饪之事。"

【原文】

　　肩吾问于连叔曰①："吾闻言于接舆，大而无当②，往而不返③。吾惊怖其言犹河汉而无极也④，大有径庭，不近人情焉。"连叔曰："其言谓何哉？""曰'藐姑射之山⑤，有神人居焉。肌肤若冰雪，淖约若处子⑥；不食五谷，吸风饮露；乘云气，御飞龙，而游乎四海之外；其神凝，使物不疵疠而年谷熟'。吾以是狂而不信也。"连叔曰："然，瞽者无以与乎文章之观⑦，聋者无以与乎钟鼓之声。岂唯形骸有聋盲哉⑧？夫知亦有之⑨。是其言也，犹时女也。之人也⑩，之德也，将磅礴万物以为一，世蕲乎乱，孰弊弊焉以天下为事！之人也，物莫之伤，大浸稽天而不溺⑪，大旱金石流、土山焦而不热。是其尘垢秕糠，将犹陶铸尧舜者也，孰肯以物为事！"

【注释】

① 肩吾、连叔：都是假设人名。传说肩吾是泰山神。
② 大而无当(dàng)：堂皇而不切实际。当,底。
③ 往而不返：这里指说开去就收拢不回来。意即漫无边际。故下句说"无极"。
④ 怖：惊。惊怖：表示惊怪非常。河汉：天河。
⑤ 藐姑射(yè)：又名姑射、石孔山,在今山西省临汾县西。
⑥ 淖(nào)约：姿态柔美。处子：处女。
⑦ 瞽(gǔ)者：盲人。与(yù)：参与,指参与欣赏。文章：文采。观：景象。
⑧ 岂唯：难道只有。
⑨ 知：通"智"。指认识上。
⑩ 之人：这种人,指神人。
⑪ 大浸：大水所淹。稽：至。

【译文】

　　肩吾向连叔请教说："我从接舆那里听到言论，大话连篇而不着边际，侃侃而谈而离题万里。我惊惧他的话，像天河那样没有边际，与一般人的言论相差甚远，到了不近人情的地步。"连叔问道："他的话，都说了些什么？""他说：'藐姑射山上，住着一个神人，皮肤像冰雪那样洁白，体态像少女那样柔美，不食五谷杂粮，吸风饮露，乘云气，驾飞龙，遨游于四海之外。他的精神凝聚专一，能使万物不遭病害，年年五谷成熟。'我认为接舆的话是谎言，不值得相信。"连叔说："是啊！瞎子是无法观看花纹的华丽的，聋子是无法听到钟鼓的乐声的。难道只有形体上有聋瞎吗？人的思想也有聋瞎现象。上面所说思想上的聋子、瞎子，好像就是你肩吾。那个神人，他的品德，将混同万物为一体，世人却期望他治理天下，谁会忙忙碌碌把治理天下当回事！此种神人，外物无法伤害他：洪水滔天也不能淹没他，大旱使金石熔化、土山枯焦也不能使他感到炽热。神人留下的尘垢和糟粕，就能陶铸成尧、舜。神人哪里肯把治理天下当回事！"

【注释】

①资：购取。
②断发：剪了头发。

【原文】

宋人资章甫而适诸越①，越人断发文身②，无所用之。

【译文】

宋国人到越国贩卖帽子，越国人剪短头发，刺破皮肤为花纹，用不着帽子。

【注释】

①窅（yǎo）：通"杳"。窅然：深远难见的状态。这是指尧入于混沌恍惚的精神状态，故把所统治的天下都遗弃掉。

【原文】

尧治天下之民，平海内之政。往见四子藐姑射之山，汾水之阳，窅然丧其天下焉①。

【译文】

尧治理好天下的黎民，稳定了国家的政局，到藐姑射山、汾水北岸拜见四位得道的高士，茫然若失，遗忘了他身居天下之位。

【注释】

①贻（yí）：赠。大瓠（hù）：大葫芦。种：种子。
②成：结成葫芦。实五石：装满能有五石的容量。

【原文】

惠子谓庄子曰："魏王贻我大瓠之种①，我树之成而实五石②。以盛水浆，其坚不能自举也③。剖之以为瓢，则瓠落无所容。非不呺然大也④，吾为其无用而掊之⑤。"庄子曰："夫子固拙于用大矣。宋人有善为不龟手之药者⑥，世世以洴澼絖为事，客闻之，请买其方百金⑦。聚族而谋曰⑧："我世世为洴澼絖，不过数金。今一朝而鬻技百金⑨，请与之，'客得之，以说吴王。越有难，吴王使之将⑩。冬，与越人水战，大败越人⑪，裂地而封之⑫。能不龟手一也⑬，或以封⑭，或不免于洴澼絖，则所用之异也。今子有五石之瓠，何不虑以为大樽而浮乎江湖，而忧其瓠落无所容？则夫子犹有蓬之心也夫⑮！"

③坚：硬度。
④呺(xiāo)然：空虚巨大的样子。
⑤为：因为。掊(pǒu)：击破。
⑥不龟手：使手不被冻裂。
⑦方：指不龟手的药方。
⑧聚族而谋：召集全家族的人来商量。
⑨鬻(yù)技：出卖技术。
⑩使之将(jiàng)：派他率领军队。
⑪大败越人：因吴军有使手脚不冻裂的药，故此得胜。
⑫裂地：割出一块地方。封之：封赐给他。
⑬一也：是一样的。
⑭或：有人。以封：因此而得到封地。
⑮蓬之心：如有蓬草蔽塞的心。

【译文】

惠施对庄周说："魏王送给我大葫芦种，我种下结成葫芦，能容五石。用葫芦盛水，它虚脆不坚固，承受不了水的压力。把葫芦剖开做成瓢，又大得无地方可放。葫芦并非不大，我因其无用而把它砸碎。"庄周说："先生不善于使用大的东西。宋国有一个善于制作不皲手药膏的人家，世代以漂絮为业。有位游客听说此事，愿用百金购买此药方。（那家）召集全家人共同商量说：'我们世代漂絮，所得不过只有数金，如今一次就能卖药方而得百金，就卖给他。'游客买到此药方，便去游说吴王。适巧越国对吴国有军事行动，吴王就派游客统率军队。冬天，与越军发生水战，大败越军。吴王便划定一块土地封赏他。能够使手不冻裂，药方是一样的，有人能用它获得封赏，有人却只能靠它漂絮为生，是因为对药方的使用不同。而今你有能容五石的大葫芦，为何不考虑用它来制成舟楫，浮游于江湖里，而却忧虑它太大无处可放呢？先生还是见识浅薄不通道理吧？"

【原文】

惠子谓庄子曰："吾有大树，人谓之樗①。其大本拥肿而不中绳墨，其小枝卷曲而不中规矩。立之涂②，匠者不顾。今子之言，大而无用，众所同去也。"庄子曰："子独不见狸狌乎③？卑身而伏，以候敖者；东西跳梁，不避高下；中于机辟④，死于罔

【注释】

①樗(chū)：臭椿树。落叶乔木，木质很差。
②立之涂：立在路上。"之"下省"于"字。涂：通"途"。

③独:偏偏。狸:野猫。狌:黄鼠狼。

④中(zhòng):触到。机辟:捕禽兽的工具,装有开关的机件。辟:开。

⑤罟(gǔ):网类。

⑥斄(lái):字亦作"犛",就是牦(máo)牛,产于我国西南。

⑦执:捉拿。

⑧无何有:虚无。

⑨广莫:辽阔。莫:通"漠",也是广大的意思。

⑩彷徨乎:放任不拘的样子。无为:无所事事。

罟⑤。今夫斄牛⑥,其大若垂天之云。此能为大矣,而不能执鼠⑦。今子有大树,患其无用,何不树之于无何有之乡⑧,广莫之野⑨,彷徨乎无为其侧⑩,逍遥乎寝卧其下。不夭斤斧,物无害者,无所可用,安所困苦哉!"

【译文】

　　惠施对庄周说:"我有一棵大树,人们叫它樗。它的树干疙瘩盘结,不符合木匠画直线的要求;它的树枝弯弯曲曲,也不符合圆规和角尺取材的尺度。把此树种在路旁,木匠都不屑一顾。现在你的言论,夸大而无用,大家都会舍弃它。"庄周回答说:"你难道没有看见野猫和黄鼠狼吗?低下身子伏在地上,等待捕食遨游的小动物;东西腾跃跳动,不避高低,却陷进捕兽工具,死于网中。而今还有牦牛,它的身体大得像遮蔽天边的云,它能干大活,却不能捕捉老鼠。现在,你有一棵大树,忧虑它没有用处,为何不把它栽在空虚无有的地方,宽广无人之处,任意地悠游在树旁,自由自在地躺卧在树下,不会遭到斤斧砍伐,没有东西伤害它。没有用处,哪里会有困苦呢!"

齐 物 论

【原文】

南郭子綦隐机而坐①,仰天而嘘②,苔焉似丧其耦③。颜成子游立侍前④,曰:"何居乎⑤?形固可使如槁木,而心固可使如死灰乎?今之隐机者,非昔之隐机者也?"子綦曰:"偃,不亦善乎而问之也⑥!今者吾丧我,汝知之乎?汝闻人籁而未闻地籁,汝闻地籁而未闻天籁夫!"

【译文】

南郭子綦凭靠几案而坐,仰头向天吐气,那解体的样子好像是丧失掉他的形体。颜成子游站立侍奉在他面前,说:"为何会这样呢?形体诚然能够使之像枯木那样吗?思想和精神诚然能够使之像死灰那样吗?今天,你凭几而坐,与往日凭几而坐的情形很不相同啊!"子綦说:"偃,你问此事,不是问得很好吗?今天我忘掉自己,你知道吗?你听见过人籁而还未听见地籁,你听见地籁而还未听见天籁吧!"

【原文】

子游曰:"敢问其方。"子綦曰:"夫大块噫气①,其名为风。是唯无作,作则万窍怒呺。而独不闻之翏翏乎②?山林之畏佳③,大木百围之窍穴④,似鼻、似口、似耳、似枅、似圈、似臼、似洼者、似污者。激者、謞者、叱者、吸者、叫者、譹者、宎者、咬者,前者唱于而随者唱喁,泠风则小和⑤,飘风则大和,厉风济则众窍为虚⑥。而独不见之调调之刁刁乎⑦?"

【注释】

①隐:凭靠。机:案。
②嘘(xū):呵气,慢慢地吐气。
③苔(tà)焉:形体死寂的样子。故下文问"形固可使如槁木"。丧其耦(ǒu):丧失了与真君相对立的东西,如功、名、己等。故下文问"心固可使如死灰乎"。耦:通"偶"。
④颜成子游:姓颜成,名偃,子綦弟子。
⑤居(jī):故,缘由。
⑥"不亦"句:这是倒装句,意谓你问得不是很好吗?而:汝。

【注释】

①噫(ài)气:本指人呃逆出气。这里说天地吐气,与《逍遥游》篇"以息相吹"意近,是一种形象的说法。
②翏(liù)翏:悠长的风声。

③畏佳：通"嵔崔"（wēicuī），高大参差的样子。
④围：两手合抱的范围。
⑤泠（líng）风：清风，也就是小风。
⑥厉风：烈风。济：停止。虚：指没有声。
⑦而：你。调调、刁刁：都是形容摇动的样子。

【译文】

子游问道："请问三籁的含义。"子綦说："大地吐的气，它的名字叫风。此风不刮起则已，刮起来整个大地千万个穴孔都同时怒吼。你没有听见大风的声音吧？山林高峻之处，百围大树上的许多树孔，有的似鼻，有的似嘴，有的似耳，有的似梁柱横木的穿孔，有的似羊猪的栏圈，有的似舂捣器具，有的似池沼，有的似泥塘。窍穴发出的不同声音，有的像激流声，有的像飞箭声，有的像叱咤声，有的像吸嘘声，有的像叫喊声，有的像哭嚎声，有的像沉吟声，有的像哀叹声。好像前面在倡导，后面在相应；徐徐清风则小和，呼呼大风则大和，暴风停止则众窍寂然无声。你没有看见大风刮起时树木摇曳晃动的情景吗？"

【注释】

①比竹：多支竹管并列而成的乐器，如笙竽之类。
②吹万不同：风吹千万个窍穴而声音不同。
③自己：自身。指洞穴发出各自的声音。

【原文】

子游曰："地籁则众窍是已，人籁则比竹是已①，敢问天籁。"子綦曰："夫吹万不同②，而使其自己也③。咸其自取，怒者其谁邪？"

【译文】

子游说："地籁是众窍发出的这样的声音，人籁是从并列的竹管发出的声音，请问什么是天籁？"子綦说："风吹千万个窍穴所发出的声音，都是从它们本身发出的。都是它们自己发出的怒号，还有谁使它们这样的呢？"

【注释】

①闲：防。闲闲：拒绝接受意见的样子。间间：细加分别的样子。

【原文】

大知闲闲，小知间间①。大言炎炎，小言詹詹②。其寐也魂交，其觉也形开。与接为构③，日以心斗。缦者、窖者、密者。小恐惴惴，大恐缦缦④。其发若机栝，其司是非之谓也；其留如诅盟⑤，其守胜之谓也；其杀若秋冬，以言其日消也⑥；其溺之所为之，不可使复之也；其厌也如缄，以言其老洫也；近死之心，莫使复阳也⁷。喜怒哀乐，虑叹变慹⁸，姚佚启态——乐出虚，蒸成菌。日夜相代乎前而莫知其所萌。已乎⁹，已乎！旦暮得此，其所由以生乎！

②炎炎：火猛气盛的样子。詹(zhān)詹：啰啰唆唆。
③拘：交合，引申为周旋。
④惴(zhuì)惴：提心吊胆的样子。缦缦：沮丧落魄的样子。
⑤诅(zǔ)盟：誓约。
⑥杀：肃杀，严酷摧残。消：衰退。
⑦复阳：恢复生气。
⑧变：变化无常。慹(zhé)：通"蛰"，蛰伏不动，这里指心神不动，犹今说无动于衷。
⑨已乎：算了吧。

【译文】

大智者率性散淡，广博安详；小智者性灵固执，琐细褊狭。诠理大言，雄辩激烈；浅薄小言，啰哩啰唆。人梦寐时，精神会无故与外人外物交接。人睡醒后，便目开神悟，比较清醒。与外人交接时，出于爱憎，便整天陷入钩心斗角之中。有的宽心，有的深沉，有的精心。小的惧怕便忧惧不安，大的惊恐便失神落魄。有时出言骤然，犹如机栝疾发，是在乘机挑起是非。有时留言不发，如同誓约，是在等待机宜，以战胜对方。他们有时神情衰败，犹如秋冬，是说明他们消丧殆尽；他们有时沉溺于言辩，说明他们无法恢复自然本性；他们有时心灵闭塞，如同绳索束缚，说明他们已经衰老枯竭了；他们有时心神接近死亡，不能再恢复生气。他们喜怒哀乐，多思、多悲、反复、恐惧，他们轻浮、纵逸、狂放和故作姿态。像音乐产生于虚空的乐器，又像朝菌由地气蒸发而生成。各种心态和情绪日夜更替出现，而并不知从何萌生。算了吧，算了吧！他们早晚得知此种情态是哪里产生的，就会明白它们产生的原因了。

【原文】

非彼无我，非我无所取。是亦近矣，而不知其所为使。若有真宰①，而特不得其朕②。可行己信，而不见其形，有情而无形③。百骸、九窍、六藏④，赅而存焉⑤，吾谁与为亲？汝皆说之乎⑥？其有私焉？如是皆有为臣妾乎？其臣妾不足以相治乎？其递相为君臣乎⑦？其有真君存焉！如求得其情与不得，无益损乎

【注释】

①若有：假设之辞。真宰：天然的主宰者，即下文的真君，亦即道。
②特：独。朕(zhèn)：借为联，迹象。

其真⑧。一受其成形，不亡以待尽。与物相刃相靡，其行尽如驰而莫之能止，不亦悲乎！终身役役而不见其成功⑨，苶然疲役而不知其所归⑩，可不哀邪！人谓之不死，奚益！其形化⑪，其心与之然⑫，可不谓大哀乎⑬？人之生也，固若是芒乎⑭？其我独芒，而人亦有不芒者乎？

【译文】

没有以上种种情态，就没有我自己；没有我，它们也就无从显现。人们能够认识这种相互依存的关系，就近乎大道了，却不知是谁所使然。好像有"真宰"主持此种关系，又看不见它的迹象。"真宰"的行动是能够验证的，却看不到它的形体，它确实存在而没有形迹。百骸、九窍、六脏等都完备地存在我身上，我与哪部分最亲近呢？你都同样喜欢它们吗？还是有所偏爱呢？如若同样喜欢它们，都把它们当做臣妾吗？把它们当做臣妾，它们就不能够相互统治了吗？还是轮流做君臣呢？是否另有"真君"主宰着呢？无论寻求到"真君"与否，对其自然本性都是不会有所增减的。世人一旦人体形成，不知保住"真君"，虽不即死，却也是在坐等死神的降临。与外物相逆相摩擦，驰向死亡，尚不知停止下来，不是很可悲的吗？终身奔忙，而看不见成功，总是困顿疲倦的样子，也不知道自己的归宿，能不悲哀吗？人们所说这种不会死亡，又有何益处呢？人的形骸逐渐衰老，其感情也随之衰弱殆尽，能说不是极大的悲哀吗？人生世上，本来就如此暗昧无知吗？难道只有我这样暗昧无知，世人也有不暗昧无知的吗？

【原文】

夫随其成心而师之，谁独且无师乎？奚必知代而心自取者有之①？愚者与有焉！未成乎心而有是非，是今日适越而昔至也②。是以无有为有。无有为有，虽有神禹且不能知③，吾独且奈何哉！

【注释】

③情：实。
④骸(hái)：骨节。六藏：心、肝、脾、肺、肾、命门。
⑤赅(gāi)：齐备。存：有。
⑥说(yuè)：通"悦"。
⑦递(dì)相：互相。
⑧真：天然的本性。
⑨役役：忙碌的样子。
⑩苶(nié)然：困顿、精神不振的样子。疲役：疲于劳役。所归：目的，归宿。
⑪形化：形体变化，即幼年变为青年、壮年、老年，以至死亡。
⑫与之然：和形体一起变化。
⑬大：通"太"。大哀：非常可悲。
⑭芒：愚昧。

【注释】

①代：更，变化。知代：懂得事物的变化。心自取者：有心得的人。

【译文】

如若根据个人的成见作为判断是非的标准,谁能没有标准呢?何必懂得事物变化更替之理的智者,才有判断是非的标准呢?愚蠢的人也会有判断是非的标准。心中未有成见就先有是非,就好像今日去越国而昨日就到了那样可笑。此种人是把无有当做有。把无有当做有,就是神明的大禹尚且不能理解,我又能怎样呢?

【原文】

夫言非吹也,言者有言。其所言者特未定也①。果有言邪?其未尝有言邪?其以为异于鷇音②,亦有辩乎③?其无辩乎?道恶乎隐而有真伪?言恶乎隐而有是非?道恶乎往而不存?言恶乎存而不可?道隐于小成,言隐于荣华④。故有儒墨之是非,以是其所非而非其所是⑤。欲是其所非而非其所是,则莫若以明。

【译文】

言论与风吹窍不同,说话的人各持偏见。他们所说的话,并不能作为确定是非的标准。果真说了什么,还是未尝说过什么?他们认为自己的言论不同于雏鸟的鸣叫,是真的有区别呢,还是没有区别?大道为何隐晦不明就有真伪呢?"至言"为何隐晦不明就有是非呢?大道无所不在,为何去而不存呢?"至言"无所不可,为何存在又不被认可呢?大道被偏见所隐晦,言论被浮夸不实之词所掩盖。所以便产生了儒家和墨家的是非之辩,他们各以对方否定的为是,以对方肯定的为非。想肯定对方否定的是非,而否定对方肯定的是非,不如用虚静之心去观照事物,明于大道。

【注释】

②未成二句:未形成主观成见而有是非,即如今日去越国而昨天就到了一样不可能。

③不能知:无法理解。

①特未定:但还不一定。意即不一定真的说了。

②鷇(kòu):还要哺喂的小鸟。鷇音:初生小鸟的叫声。比喻不带任何含义的话语。

③辩:通"辨",别。

④荣华:指花言巧语。

⑤"以是"句:把他人认为不对的看做是对的,把他人认为是对的看做是不对的。

【注释】

① "自彼"二句:从他方面看来就看不到这一面,从本身知道的说来当然是知道的。

② "彼出"三句:彼产生于此,此依存于彼,这就是彼此同时产生的理论。因:依赖。方:并。

③ "因是"二句:对的就任它对,错的也任它错,对的错的都不计较。

④ 是:此。下句同。

⑤ 且:句中助词,无义。下句同。

⑥ 莫得其偶:不能互相对立。偶:对立面。

⑦ 道枢:道的关键。

【原文】

物无非彼,物无非是。自彼则不见,自知则知之①。故曰:彼出于是,是亦因彼。彼是方生之说也②。虽然,方生方死,方死方生;方可方不可,方不可方可;因是因非,因非因是③。是以圣人不由而照之于天,亦因是也。是亦彼也④,彼亦是也。彼亦一是非,此亦一是非,果且有彼是乎哉⑤?果且无彼是乎哉?彼是莫得其偶⑥,谓之道枢⑦。枢始得其环中,以应无穷。是亦一无穷,非亦一无穷也。故曰:莫若以明。

【译文】

以我观物,则物皆为彼;以物自观,则皆为此。从彼方观察此方,则不见此方的是处;此方而自视,则自知其全是。所以说:彼方由此方而产生,此方亦因彼方而存在。所谓"彼此"的说法,不过是惠施的"方生方死"的说法罢了。虽然,方生即死,方死却又复生;刚认为是时,非即产生,刚认为非时,是即开始;是非相互依存而产生。因此,圣人不去分辨是非,而让自然天道去鉴别事物的本然,顺应是非的自然发展。此即彼,彼亦即此。彼有彼的是非,此有此的是非。果真有是非存在吗?果真没有是非存在吗?超脱了是非,就叫掌握了大道的枢要。掌握了道的枢要,就好像进入环的中心,便可以顺应是非的无穷变化了。是无穷,非也无穷。所以说,不如用虚静之心去观照事物而明于大道。

【注释】

① "以指"两句:意谓以手指来说明手指不是手指,不如以非手指来说明手指不是手指。这几句是针对当时名家公孙

【原文】

以指喻指之非指,不若以非指喻指之非指也①;以马喻马之非马,不若以非马喻马之非马也。天地一指也,万物一马也②。

【译文】

以手指来说明手指不是手指,不如以非手指来说明手指不是

手指；以马来说明马不是马，不如以非马来说明马不是马。天地与一个手指，万物与一匹马，都是没有区别的。龙所说的"指非指"、"白马非马"的论题而发。

【原文】

可乎可，不可乎不可。道行之而成①，物谓之而然②。恶乎然？然于然。恶乎不然？不然于不然。物固有所然，物固有所可。无物不然，无物不可。故为是举莛与楹③，厉与西施，恢恑憰怪④，道通为一⑤。

【译文】

人认为可，我亦认为可；人认为不可，我也认为不可。道路是走出来的，事物的名称是叫出来的。为何说是这样的呢？它本来是这样的，所以我就认为它就是这样的。事物本来就是这样的，本来就是可以的。没有事物不是这样的，没有事物是不可以的。从道的观点而言，小草与屋柱、丑妇与美女、万物的恢恑憰怪之异态，都是一样的，并无不同。

【注释】

①道：道路。
②物谓句：某一事物（如马）是人们把它叫成这种事物的。
③莛（tíng）：草本植物的茎。楹（yíng）：屋的柱子。举莛：比喻轻而易举的事。举楹：比喻难做到的事。
④恢：诙谐。恑（guǐ）：通"诡"，狡猾。憰（jué）：通"谲"，欺诈。
⑤"道通"句：从道的角度看来，都是不分彼此的、等同的。

【原文】

其分也，成也；其成也，毁也。凡物无成与毁①，复通为一。唯达者知通为一，为是不用而寓诸庸②。庸也者，用也；用也者，通也；通也者，得也。适得而几矣③。因是已，已而不知其然谓之道④。劳神明为一而不知其同也，谓之"朝三"。何谓"朝三"？狙公赋芧⑤，曰："朝三而暮四⑥。"众狙皆怒。曰："然则朝四而暮三。"众狙皆悦。名实未亏而喜怒为用⑦，亦因是也。是以圣人和之以是非而休乎天钧⑧，是之谓两行。

【译文】

一事物的分解，即另一事物的形成；一事物的形成，即另一

【注释】

①凡物：一切事物。
②为是：因此。不用：指不用成或毁的观点去看问题。寓：托付。
③几：近，差不多。
④"因是"二句：任由它这样就是了，已经如此而又不知道怎么一回事，这就叫做道了。
⑤狙（jū）：猕（mí）猴。狙公：养猕猴的老翁。

事物的毁灭。所有的事物并无形成与毁灭的区别，都是浑然一体的。只有通达大道的人才知道事物浑然一体的道理，因此他是不会去区分事物的形成与毁灭的，只是随从众人的看法罢了。所谓顺从众人，就是以众人的好恶为好恶；以众人的好恶为好恶，就能通达于大道。能通达于大道，便能无往而不自得。能达到自得，便近于大道了。能了无是非，顺物忘怀，浑然一体，则不知其所以然，这就叫做"道"。未得大道的人费尽精神想求得事物的一致，而不知万物本来的同一性，这就叫做"朝三"。为什么叫做"朝三"呢？养猴老人给猴子分发橡子，说："早上给三个橡子，晚上给四个橡子。"猴子们听了便大怒起来。养猴老人便改口说："那就早上给四个橡子，晚上给三个橡子吧。"猴子们听了都非常喜悦。三四之名及其总数七并未改变，而猴子却迷惑于颠倒的现象而枉施喜怒，养猴老人也就顺着众猴的意思。因此"圣人"混同是非，任凭自然均调，这就叫做物与我并行发展。

【原文】

古之人，其知有所至矣①。恶乎至？有以为未始有物者②，至矣，尽矣，不可以加矣！其次以为有物矣，而未始有封也③。其次以为有封焉，而未始有是非也。是非之彰也，道之所以亏也④。道之所以亏，爱之所以成。果且有成与亏乎哉⑤？果且无成与亏乎哉？有成与亏，故昭氏之鼓琴也；无成与亏，故昭氏之不鼓琴也。昭文之鼓琴也，师旷之枝策也⑥，惠子之据梧也⑦，三子之知几乎皆其盛者也⑧，故载之末年⑨。唯其好之也以异于彼，其好之也欲以明之⑩。彼非所明而明之，故以坚白之昧终。而其子又以文之纶终⑪，终身无成。若是而可谓成乎，虽我亦成也；若是而不可谓成乎，物与我无成也。是故滑疑之耀⑫，圣人之所图也⑬。为是不用而寓诸庸，此之谓"以明"。

【注释】

赋:给,分发。芧(xù):橡子。

⑥朝三而暮四:早上发三个,而傍晚发四个。

⑦名:橡子的数目。实:实际给的橡子。亏:减少。

⑧休:本义为人凭依在树下休息,故有无为任之的意思。天钧:又写作天均,自然调和的意思。

①知(zhì):认识。有所至:达到最高的境界。

②以为:认为。未始:未曾。

③封:界限。

④彰:明。亏:损失,败坏。

⑤果:真的。且:句中助词。

⑥师旷:字子野,精通音律,晋平公的乐师。枝:拄。策:打鼓棒。枝策:这大概是说师旷打拍子。

【译文】

　　古代那些有道的人,其智慧达到了最高境界。怎样才算达到最高境界呢?古时那些有道的人能认识到,在宇宙形成之初,不曾存在任何东西,可谓极其深刻,无以复加了。比他们次一等的人,虽然认为宇宙之初已经有事物存在,而并没有彼此界限。再次一等的人,虽然认为事物有彼此界限,而并没有是非之不同。是非出现了,大道就亏损了。大道亏损了,私爱就形成了。果真有形成与亏损吗?还是无形成与亏损呢?有形成与亏损,就像昭氏弹琴;没有形成与亏损,就像昭氏没有弹琴。所以昭文善于弹琴,师旷善解音律,惠施倚靠梧桐树而辩论,他们三人的技智,可谓都极精熟高超了,他们都以所从事的事业而终身。他们自以为其所好,不同于天下之人;又想用自己的爱好,去教诲他人;并非别人必须明白的,却强制性地要人明白,因此就坚持"坚白"的暗昧论题而终其身。而昭文之子,又以学习鼓琴技艺而终其身,却终身没有学会昭文鼓琴的本领。假若他们的技艺(指鼓琴、枝策、据梧辩论)也算是有成功的话,虽像我这样也算有成功了;假若他们不算是有成功的话,物与我混同,乃为大道,皆归无成。因此,这样不明之明,正是圣人所崇尚的。圣人不夸说是非,只是顺随众人的意思,这就叫做明于大道、了无是非。

【原文】

　　今且有言于此,不知其与是类乎①?其与是不类乎?类与不类,相与为类,则与彼无以异矣。虽然②,请尝言之:有始也者③,有未始有始也者,有未始有夫未始有始也者;有有也者,有无也者,有未始有无也者,有未始有夫未始有无也者。俄而有无矣,而未知有无之果孰有孰无也,今我则已有谓矣,而未知吾所谓之其果有谓乎?其果无谓乎?

【注释】

⑦惠子:惠施。惠施善辩,可能常常与辩论的人在树下争论,直到疲倦不堪,靠着梧桐树休息、吟叹。

⑧知:通"智"。几:近。盛:最强。

⑨末年:后代。

⑩"唯其"二句:都是宾语提前。异于彼:不同于别人。明之:使别人领会。

⑪纶:琴弦,指代琴。

⑫滑(gǔ)疑:谓能言善辩、能乱是非异同。

⑬图:革除。

①是:此。指上面"为是不用而寓诸庸,此之谓以明"等言论。

②虽然:虽是如此,表示语意转折。

③有始:有形象显现。

【译文】

　　现在，我想在此说几句话，不知和其他论者的话是相同，还是不同呢？不管相同还是不同，既然彼此都是说话，那就和其他的论者没有什么区别了。虽然说无区别，还是请让我试着说一下。宇宙万物有有形象可见的时候，也有未有形象显现的时候，有未有未曾有形象显现的时候。宇宙万物之初有"有"，也有"无"，还有未曾有有无，还有未曾有未曾有有无的时候。突然产生了有和无，而不知"有"和"无"，果真是"有"、"无"否。现在，我已经有言说了，而不知我的言说果真有言说呢？果真无言说呢？

【原文】

　　天下莫大于秋豪之末①，而大山为小；莫寿于殇子②，而彭祖为夭③。天地与我并生，而万物与我为一。既已为一矣，且得有言乎？既已谓之一矣，且得无言乎？一与言为二，二与一为三。自此以往，巧历不能得④，而况其凡乎⑤！故自无适有⑥，以至于三，而况自有适有乎！无适焉，因是已！

【注释】

①秋豪：动物秋天换的新毛。新毛最小，故用来比喻微小的东西。豪：通"毫"。
②寿：长命。殇子：夭折的小孩。
③夭：短命。
④巧历：善于计算的人。不能得：不能算出发展下去的数目。
⑤凡：一般的人。
⑥无：通"毋"。是：此，这样。

【译文】

　　宇宙未曾产生万物时秋毫就成为最大的东西，当宇宙出现了万物而泰山自然就显得很小。当宇宙未曾有生命时殇子就算长寿者，当宇宙出现更长寿者，彭祖就变成短寿的人。天地与我共生，而万物与我浑然一体。既然万物浑然一体，物我两忘，还有什么可说呢？浑然为一体的万物为一；加上我的话，就成为二；二再加上言说者"彼"，就成为三。以此类推，善于计算的人也不能计其数，而何况是凡夫之辈呢！从无可推算至有、推算至三，何况从有推算到有呢！所以，没有必要如此推算下去，还是顺应自然吧！

【原文】

夫道未始有封①，言未始有常②，为是而有畛也③。请言其畛：有左有右，有伦有义④，有分有辩，有竞有争，此之谓八德。六合之外⑤，圣人存而不论⑥；六合之内，圣人论而不议⑦；春秋经世先王之志，圣人议而不辩。

【译文】

大道本来未曾有界限，"至言"本无是非之定说，只因为有了一个"是"字，才划出许多界限。请让我谈谈其中的界限区别：有上下尊卑之序，有亲疏之理和贵贱之仪，有分辩，有竞争，这就叫做儒、墨等争辩的八种才能。六合之外的事，圣人不去论说；六合之内的事，圣人只论其大纲，而不论其详；古史是先王治理世事的记载，圣人只议论其内容，而不辩难其是非曲直。

【注释】

①封：界限。

②常：是非定准。

③为是：因此。畛(zhěn)：界限。

④伦：次序等级。

⑤六合：天地。因天地间为东、南、西、北、上、下六方所包围，故称六合。

⑥圣人：指道家的圣人而非指孔丘。下同。

⑦论而不议：论述而不评议。

【原文】

故分也者，有不分也；辩也者，有不辩也。曰："何也？""圣人怀之①，众人辩之以相示也②。故曰：辩也者，有不见也。"夫大道不称③，大辩不言④，大仁不仁，大廉不嗛，大勇不忮⑤。道昭而不道，言辩而不及，仁常而不成，廉清而不信，勇忮而不成。五者圆而几向方矣！故知止其所不知，至矣。孰知不言之辩，不道之道？若有能知，此之谓天府⑥。注焉而不满⑦，酌焉而不竭⑧，而不知其所由来，此之谓葆光。

【译文】

天下的事理，有能区分的，也有不能区分的；有能辩说的，也有不能辩说的。有人会说："这是为什么呢？""圣人怀之于心，不示于人，众人则喋喋不休地争辩，以夸示于人。所以说：

【注释】

①怀之：指胸中囊括万物。

②辩之：指分别彼此，争辩是非。

③称：称道，说明。

④大辩：高论，指掌握了高论的人。

⑤忮(zhì)：嫉恨，害。不忮，不会有害人之心。

⑥天府：指圣人的心胸，形容它宽广，能包罗一切。

辩论的发生，是因为没有看到道的广大。"大道本来是没有称谓的，善于辩论者是不用言说折服他人的，最有仁爱者并非有意为仁，最廉洁的人不特意表现谦逊，最勇敢的人不伤害他人。大道昭昭，则并非道；逞言肆辩，就会有表达不到之处；仁者常爱，常爱必有不周；以廉洁自清立名，则往往并无实德；自逞血气之勇而到处伤人，也就不能成为道义之勇。以上五种现象，犹如慕圆却几乎近方了！能够知道止于其所不能知者，就是达到知的极点了。谁能够知道不用言说的辩论、不用称说的大道呢？如若有人能够知道，这就叫做以自然为府藏。大道，任其注入而不满，任其酌取都不会枯竭，不知道它是怎样形成的，这就叫做包藏光亮而不露。

【注释】

⑦注：灌注。这句形容圣人的胸怀海涵万物，无所不容。

⑧酌：取。这句形容圣人的智慧无穷，用之不尽。

【原文】

　　故昔者尧问于舜曰："我欲伐宗脍、胥、敖，南面而不释然①。其故何也？"舜曰："夫三子者②，犹存乎蓬艾之间③。若不释然何哉！昔者十日并出，万物皆照，而况德之进乎日者乎！"

【译文】

　　从前，尧问舜说："我想征伐宗脍、胥、敖三个小国，每当临朝理政时总是心神不宁。这到底是什么原因？"舜回答说："那三个小国的国君，就像生存在蓬蒿艾草之中。你总是心神不宁，究竟为什么呢？古代十个太阳同时升起，普照万物，何况你的道德超过太阳的光辉呢！"

【注释】

①不释：放心不下。指在伐还是不伐的问题上犹豫不定。

②三子：指三国国君。古代多以国君指代国家。

③蓬：蓬蒿。艾：艾草。三国褊小，故如在蓬艾之间。

【原文】

　　啮缺问乎王倪曰："子知物之所同是乎？"曰："吾恶乎知之！""子知子之所不知邪？"曰："吾恶乎知之！""然则物无知邪①？"曰："吾恶乎知之！虽然，尝试言之：庸讵知吾所谓知之

【注释】

①无知：无法认识。

②庸讵(jù)：何以。

③湿寝：睡在湿的地方。偏死：半身瘫痪。

非不知邪②？庸讵知吾所谓不知之非知邪？且吾尝试问乎女：民湿寝则腰疾偏死③，鳅然乎哉？木处则惴栗恂惧④，猨猴然乎哉？三者孰知正处⑤？民食刍豢⑥，麋鹿食荐⑦，蝍蛆甘带，鸱鸦耆鼠⑧，四者孰知正味⑨？猨猵狙以为雌⑩，麋与鹿交，鳅与鱼游。毛嫱丽姬⑪，人之所美也⑫；鱼见之深入，鸟见之高飞，麋鹿见之决骤，四者孰知天下之正色哉⑬？自我观之，仁义之端，是非之涂，樊然淆乱⑭，吾恶能知其辩！"啮缺曰："子不知利害，则至人固不知利害乎？"王倪曰："至人神矣！大泽焚而不能热⑮，河汉冱而不能寒⑯，疾雷破山、飘风振海而不能惊。若然者，乘云气，骑日月，而游乎四海之外，死生无变于己，而况利害之端乎！"

④惴栗(zhuìlì)：害怕得发抖的样子。

⑤处：处所。

⑥刍豢(chúhuàn)：指禽兽。食草的叫刍，食谷的叫豢。

⑦荐(jiàn)：茂盛的草。

⑧鸱(chī)：猫头鹰。鸦：乌鸦。

⑨正味：真正可口的味道。

⑩猵狙(biānjū)：猕猴的一种。句谓猨与猵狙相配为雌雄。

⑪毛嫱(qiáng)：古代美女，有说是越王的美姬。丽姬：晋献公夫人。

⑫所美：认为美丽的人。

⑬正色：真正漂亮的容貌。

⑭樊(fán)然：杂乱的样子。淆(xiáo)：错杂。

⑮大泽：大草泽。热：作动词用，使之感到热。下句"寒"字亦作动词用。

⑯冱(hù)：冻结。

【译文】

啮缺问王倪说："你知道宇宙万物有共同之处吗？"王倪说："我怎么会知道呢。"啮缺又说："你知道你所不知道的东西吗？"王倪又答道："我怎么会知道呢。"啮缺说："那么你对宇宙万物都不知道吗？"王倪答道："我怎么会知道呢。虽然这样，我还是试着谈谈这个问题。你怎么知道我所说的知道不是不知道呢？你怎么知道我所说的不知道不是知道呢？我还是先问你：人睡在潮湿的地方，就会患腰病或半身不遂；泥鳅常在泥中，也像人这样吗？人在树上居住，就会惊恐战栗，猿猴也会这样吗？人、泥鳅和猿猴，究竟谁的居住方式是正确的呢？人吃家畜的肉，麋鹿吃草，蜈蚣爱吃蛇脑，猫头鹰和乌鸦爱吃老鼠，人、麋鹿、蜈蚣、猫头鹰和乌鸦谁才知道什么可口呢？雄性的猵狙喜欢与雌猿配偶，麋喜欢与鹿交配，泥鳅喜欢与鱼交合。毛嫱、丽姬，是人们所称赞的美女，鱼看见了便深潜水底，鸟看见了便高飞而去，麋鹿看见了便疾驰远离，人、鱼、鸟和麋鹿究竟谁知道天下的美色呢？以我看来，仁义的头绪，是非的途径，都是纷然杂乱的，我怎么能分别它们呢！"啮缺说："你不知道利与害，难道领悟大道的圣人也不知道利与害吗？"王倪说："得道的圣人真是神极了！灌木丛生的泽地焚烧起来并不能使他感到炽热，黄河和汉水冰冻也不能使他感到寒冷，迅雷劈山、大风翻江倒海也不能使他感到震惊。像他这样，乘驾云气，骑坐日月，遨游于四海之外，生与死对他都没有什么影响，更何况是利与害这种小事呢！"

【注释】

①就：趋就，这里有追逐的意思。

②违：避开。

③喜求：热衷于追求。

④缘道：与喜求对举，意即害道。

⑤孟浪：荒诞，不切实际。

⑥行：途径。妙道之行：通向美妙大道的道路。

【原文】

瞿鹊子问乎长梧子曰："吾闻诸夫子：圣人不从事于务，不就利①，不违害②，不喜求③，不缘道④，无谓有谓，有谓无谓，而游乎尘垢之外。夫子以为孟浪之言⑤，而我以为妙道之行也⑥。吾子以为奚若？"

【译文】

瞿鹊子问长梧子说："我从孔丘那里听说：圣人不做俗事，不贪利，不避害，无求于世，不践迹行道，不言如同有言，有言如同无言，超然游于物外。孔丘认为这些都是不切实际之言，而我却认为是大道的表现。先生认为怎样呢？"

【注释】

①弹：指打鸟用的弹丸。鸮（xiāo）：鹗，似斑鸠，青绿色，肉美味好吃。

②置：任。滑涽（hūn）：昏乱。

③隶：奴仆之类。以隶相尊：把下贱的看做同样尊贵。

④役役：忙碌奔波的样子。

【原文】

长梧子曰："是黄帝之所听荧也，而丘也何足以知之！且女亦大早计，见卵而求时夜，见弹而求鸮炙①。予尝为女妄言之，女以妄听之。奚旁日月，挟宇宙，为其吻合，置其滑涽②，以隶相尊③？众人役役④，圣人愚芚，参万岁而一成纯⑤。万物尽然⑥，而以是相蕴⑦。予恶乎知说生之非惑邪！予恶乎知恶死之非弱丧而不知归者邪！"

【译文】

长梧子说："这些话黄帝听了也会迷惑的，孔丘怎么会懂得呢？而且，你也操之过急了，看见鸡蛋就想得到报晓的公鸡，看见弹丸就想马上得到烤熟的鸮鸟肉。我姑且给你随便说说，你也就随便听听。为何不依傍日月，怀抱宇宙，与万物浑然一体，任其混乱错暗，把卑贱与尊贵看成一样呢？凡人劳役不息；圣人安于愚昧，糅合古今而成其淳朴。万物皆如此，都相互蓄积包裹，不分是非、可否、死生和利害。我怎么知道贪生不是困惑呢？我又怎么知道厌恶死亡就像幼孩流落异乡而老大不知回归故乡呢？"

⑤参：糅合。一：一体，整个。
⑥尽然：都如此。
⑦是：此，指"参万岁而一成纯"的道理。相蕴(yùn)：相互包藏。

【原文】

丽之姬，艾封人之子也①。晋国之始得之也，涕泣沾襟。及其至于王所，与王同筐床，食刍豢，而后悔其泣也。予恶乎知夫死者不悔其始之蕲生乎②？梦饮酒者，旦而哭泣③；梦哭泣者，旦而田猎。方其梦也，不知其梦也。梦之中又占其梦焉，觉而后知其梦也。且有大觉而后知此其大梦也④，而愚者自以为觉，窃窃然知之⑤。"君乎⑥！牧乎！"固哉丘也！与女皆梦也，予谓女梦亦梦也⑦。是其言也⑧，其名为吊诡⑨。万世之后而一遇大圣知其解者，是旦暮遇之也。

【译文】

骊姬，是骊戎国艾地守封疆人的女儿。晋国攻打骊戎国得到她的时候，她涕泣沾襟。后来她到了晋献公的王宫，与国王同睡安适的床，吃着美味的肉食，便后悔当初她不该哭泣了。我又怎么会知道死去的人不后悔他们当初的贪生呢？夜里梦见饮酒作乐的人，早晨可能会遇到悲伤的事而哭泣；梦里痛哭的人，天明有可能很高兴地去打猎。正当做梦的人，并不知道他是在做梦。梦中还会占卜询问做梦的吉凶，醒来才知道自己是在做梦。只有觉醒的圣人，才能知晓人生就像一场大梦。愚昧之人，自以为清醒，好像是明察的样子，什么都知道。愚昧人在喊叫："高贵的

【注释】

①"丽之"二句：晋献公伐骊戎国时，娶骊戎国艾地守疆人的女儿为姬，称之为骊姬。
②蕲(qí)：求。
③旦：早上，这里指醒来。
④大觉：指领悟了大道而觉醒。大梦：指一辈子不觉悟，如长期睡觉一般。
⑤窃窃：犹察察，明察。
⑥君：代表高贵的。
⑦"予谓"句：我说你做梦这件事本身也是做梦。
⑧是其言：这些话。
⑨其：指愚者。吊诡：即恢诡。诡借为恑。

君主呀！卑贱的牧夫呀！"孔丘真是固执鄙陋得很呀！我与你都是在做梦，我说你在做梦，我也是在梦中说你的梦。这样的梦话，可称之为奇谈怪沦。万世之后，如果遇见大圣，便会悟出这番道理，就好像是在旦暮之间一般。

【注释】

①若：你。

②不若胜：这是宾语前置，即不胜若，不赢你。

③果是：一定对。

④或是：指一方对。或非：指一方不对。

⑤俱是：都对。俱非：都不对。

⑥固：必。黮(dǎn)：不明的样子。

⑦谁使：宾语前置，即使谁。

【原文】

即使我与若辩矣①，若胜我，我不若胜②，若果是也③？我果非也邪？我胜若，若不吾胜，我果是也？而果非也邪？其或是也？其或非也邪④？其俱是也？其俱非也邪⑤？我与若不能相知也。则人固受其黮暗⑥，吾谁使正之⑦？使同乎若者正之，既与若同矣，恶能正之？使同乎我者正之，既同乎我矣，恶能正之？使异乎我与若者正之，既异乎我与若矣，恶能正之？使同乎我与若者正之，既同乎我与若矣，恶能正之？然则我与若与人俱不能相知也，而待彼也邪？

【译文】

即使我长梧子与你瞿鹊子辩论，你胜于我，我没有胜你，我果真正确，我果真错误吗？我胜于你，你没有胜我，我果真正确，你果真错误吗？或者我们两人有一人是正确的，有一人是错误的吗？或者我们两人都是正确的，或都是错误的吗？我与你皆无法知道，世人本就暗昧茫然，我又能让谁作正确的评定呢？使与你见解相同的人来评判，既然与你的观点相同了，又怎么能作出公正的评定呢？使与我的见解相同的人来评判，既然与我的观点相同了，又怎么能作出公正的评定呢？使与我和你的意见不同的人来评判，既然与我和你的观点不同了，又怎么能作出公正的评定呢？使与我和你的意见相同的人来评判，既然与我和你的观点相同了，又怎么能作出公正的评定呢？既然如此，我与你以及与大家都无法知道，而是等待造化来评定吗？

【原文】

"何谓和之以天倪①?"曰:"是不是②,然不然③。是若果是也,则是之异乎不是也亦无辩;然若果然也,则然之异乎不然也亦无辩。化声之相待④,若其不相待。和之以天倪,因之以曼衍,所以穷年也。忘年忘义⑤,振于无竟,故寓诸无竟。"

【译文】

"什么叫做以自然天平来调和是非呢?"也就是说:"'是'便是'不是','然'便是'不然'。'是'假若果真是'是',那么'是'与'不是'是不相同的,这也用不着争辩了;'然'假若果真是'然',那么'然'与'不然'不相同,这也用不着争辩了。辩论中的是非就像空谷中的不同声音那样对立,假若使其不对立,就要用自然天平去调和,任其变化发展,这样便可以享尽天年。能够忘掉岁月和义理,逍遥于无物之境,因此终身也就能寄于无是非然否的自由境界了!"

【注释】

①天倪:自然。

②是不是:把不对的看成对。前一"是"字作动词用,犹肯定。

③然不然:把不是这样的看成这样。前一"然"字作动词用。

④待:对立。相待:相对立。

⑤忘年:不计岁月。忘义:不讲仁义。

【原文】

罔两问景曰①:"曩子行②,今子止;曩子坐,今子起。何其无特操与③?"景曰:"吾有待而然者邪④?吾所待又有待而然者邪?吾待蛇蚹蜩翼邪?恶识所以然?恶识所以不然?"

【译文】

影外之阴对影子说:"从前你行,现今你又停止;从前你坐下,现今你又起来。你为何没有独立的志操呢?"影子答道:"我有所依赖才这样的吗?我所依赖的又有所依赖才这样的吗?我依赖形体行止,就像蛇凭借鳞皮而行和蝉凭借翅膀而飞吧?我怎么知道是什么原因才这样的呢?我又怎么知道因为什么原因才不是这样的呢?"

【注释】

①罔两:影子之外的微阴。景:古"影"字。

②曩(nǎng):从前。

③特操:独特的操守。无特操:指影子随物而动,缺乏独立性。

④有待:有所依赖。

【注释】

①胡蝶:蝴蝶。栩(xǔ)栩然:生动活泼的样子。
②"不知"句:忘记了自己是庄周啊!
③蘧(jù)蘧然:惊疑的样子。梦醒之后,想到自己又是庄周,故感到惊奇而又可疑。
④物化:化为物。指大道时而化为庄周,时而化为蝴蝶。

【原文】

　　昔者庄周梦为胡蝶,栩栩然胡蝶也①。自喻适志与!不知周也②。俄然觉,则蘧蘧然周也③。不知周之梦为胡蝶与?胡蝶之梦为周与?周与胡蝶则必有分矣。此之谓物化④。

【译文】

　　从前,庄周梦见自己变成了蝴蝶,栩栩如生的一只蝴蝶。自己感到非常愉快啊!不知道自己是庄周了。忽然从梦中醒来,才惊慌地知道自己是庄周。不知庄周梦中变成蝴蝶呢?还是蝴蝶梦中变成庄周呢?庄周与蝴蝶是必然会有区别的。这就叫做万物化而为一。

养 生 主

【原文】

吾生也有涯，而知也无涯。以有涯随无涯，殆已①！已而为知者，殆而已矣②！为善无近名，为恶无近刑，缘督以为经，可以保身，可以全生③，可以养亲④，可以尽年⑤。

【注释】

①已：指已经如此。
②为知：追求知识。
③全生：保全自己的生理。
④亲：指"真君"，即精神。
⑤年：年寿。指自然寿命。

【译文】

人的生命是有限的，而知识是无限的。以有限之生命，寻无限之知识，怎么能不窘困呢？既已窘困，还要不停地追求知识，那就更加危险无救了。做了好事，却不贪图名声；做了坏事，却不至于受到刑辱；顺循天然正中之道以为常法，就可以保全身体，不辱身以伤命，可以赡养双亲，享尽天年了。

【原文】

庖丁为文惠君解牛①，手之所触，肩之所倚，足之所履，膝之所踦②，砉然响然③，奏刀騞然④，莫不中音⑤，合于桑林之舞，乃中经首之会。

【注释】

①庖（páo）丁：厨工。
②踦（yǐ）：通"倚"，抵住。
③砉（xū）、响：都是状声词，形容解牛的声音。
④奏刀：进刀。"騞"（huō）：状声词，牛体被解开时发出的声音。
⑤中（zhòng）音：合于乐音。

【译文】

有个厨师名丁的人，给梁惠王宰牛，用手推牛，用肩顶住牛，用足踏牛，屈着一膝而跪着抵住牛，（牛体发出了皮骨相离的砉然响声，进刀騞然的声音，无不合乎音乐的节拍，符合舞乐《桑林》的节奏，合于《经首》乐曲的旋律。

【注释】

①进乎:超过。

②神:神气。遇:指接触牛体。

③依:按照。天理:天然的生理结构。

④郤:指筋骨间的空隙。

⑤窾(kuǎn):洞穴,指骨节间的窍穴。

⑥因:顺着。固然:本来结构。

⑦大軱(gū):大骨,即髀骨。

⑧新发于硎(xíng):刚从磨刀石上磨过。硎:磨刀石。

⑨恢恢乎:宽绰的样子。

⑩族:指骨头结聚的地方。

⑪怵(chù)然:小心谨慎的样子。为(wèi)戒:为之警戒。

⑫视为止:视力因此而集中。

⑬行为迟:动作因此而缓慢。

⑭謋(huò):象声词,形容牛体解开时发出的声音。

⑮委地:丢在地上。

【原文】

文惠君曰:"嘻,善哉!技盖至此乎?"庖丁释刀对曰:"臣之所好者道也,进乎技矣①。始臣之解牛之时,所见无非全牛者;三年之后,未尝见全牛也;方今之时,臣以神遇而不以目视②,官知止而神欲行。依乎天理③,批大郤④,导大窾⑤,因其固然⑥。技经肯綮之未尝,而况大軱乎⑦!良庖岁更刀,割也;族庖月更刀,折也;今臣之刀十九年矣,所解数千牛矣,而刀刃若新发于硎⑧。彼节者有间而刀刃者无厚,以无厚入有间,恢恢乎其于游刃必有余地矣⑨。是以十九年而刀刃若新发于硎。虽然,每至于族⑩,吾见其难为,怵然为戒⑪,视为止⑫,行为迟⑬,动刀甚微,謋然已解⑭,如土委地⑮。提刀而立,为之四顾,为之踌躇满志⑯,善刀而藏之⑰。"文惠君曰:"善哉!吾闻庖丁之言,得养生焉。"

【译文】

梁惠王说:"嘻,妙极了!你的宰牛技术,为何竟能达到如此高超的地步呢?"厨师放下牛刀回答说:"我所掌握的宰牛规律,已经超过宰牛的技术。我初次宰牛的时候,所看到的牛不过是一头完整的牛。三年之后,眼中再也没有完整的牛了。现在,我用精神与牛接触,而不是用眼睛看牛;耳目器官停止视听,而全凭精神支配宰牛之事。掌握牛的天然结构规律,用刀劈开牛的筋骨之间大的空隙,把刀深入牛骨节间大的空处,顺着牛的自然结构宰割。就连经络骨肉联结处都不曾碰过,更何况大的牛骨呢!技术高超的厨师,一年更换一把刀,因为他是在切割牛;平庸的厨师,一个月就要换一把刀,因为他是在砍牛。现在,我所用的刀已经十九年,宰牛数千头之多,刀刃就像刚磨过一样锋利。牛的骨节之间有空隙,而刀刃却很薄;用很薄的刀刃解剖牛骨节的空隙,对于运转牛刀就非常宽绰而有余地了。所以,我用刀十九年，而刀刃还像新磨过的一样。虽说如此，每当遇到筋骨交错盘结的地方，我看见不好下刀，总是很警惕而不敢妄动，视力专注，下刀缓慢，动刀很轻微，最后全牛霍然而解，犹如土崩而堆积在地。于是，我提刀起立，因此四面环顾，表现闲豫安适而从容自得的样子，把刀擦干净而收藏起来。"梁惠王说："好极了！我听了丁厨师解牛的一番言论，从中悟出养生之道。"

⑯踌躇（chóuchú）：从容自得的样子。满志：心满意足。
⑰善：通"拭"（shì），擦。

【原文】

公文轩见右师而惊曰："是何人也？恶乎介也①？天与？其人与②？"曰："天也，非人也。天之生是使独也，人之貌有与也③。以是知其天也，非人也。"

【注释】

①恶乎：何以。
②天与：是天造成的呢。人与：人事造成的呢。
③与：赐予，赋予。

【译文】

公文轩看见右师而惊奇地说："他是什么人？为何只有一只脚呢？是天生就这样呢，还是人为造成的呢？"（然后，他想了想自言自语地说："看来是禀受天意，非关人事。天生此人使之因祸而生成这样的形体，使他只有一只脚；因为人的形貌，是天赋予的。因此，知道这是天生的，并非人为。"

【原文】

泽雉十步一啄①，百步一饮，不蕲畜乎樊中。神虽王②，不善也③。

【注释】

①泽雉：生活在草泽中的野鸡。
②王（wàng）：通"旺"，旺盛，饱满。
③不善：不好。因为被关着没有自由。

【译文】

水泽中的野鸡要四处寻找，才能啄吃一口食物，喝上一口水，并不因此期望被畜养在樊笼之中。（因为在笼子中）精神虽然旺盛，并不感到快意。

【注释】

① 然:是的。肯定是朋友。
② 向:刚才。
③ 彼:指哭者。
④ 所受:指禀受的本性。
⑤ 遁天之刑:违背了天理所得到的刑罚。
⑥ 适:偶然。
⑦ 是:此。

【原文】

老聃死,秦失吊之,三号而出。弟子曰:"非夫子之友邪?"曰:"然①。""然则吊焉若此可乎?"曰:"然。始也吾以为其人也,而今非也。向吾入而吊焉②,有老者哭之,如哭其子;少者哭之,如哭其母。彼其所以会之③,必有不蕲言而言,不蕲哭而哭者。是遁天倍情,忘其所受④,古者谓之遁天之刑⑤。适来⑥,夫子时也;适去,夫子顺也。安时而处顺,哀乐不能入也,古者谓是帝之县解⑦。"

【译文】

老聃死,秦失去吊丧,仅仅哭了三声就出来了。他的弟子说:"老聃不是你的朋友吗?"秦失答道:"是我的朋友。"弟子说:"那么这样吊丧朋友,可以吗?"秦失说:"可以。我开始与他交朋友时,以为他是个俗人,今日他死后,才知他并非俗人,所以并不能以俗人之礼吊唁他。刚才我进来吊唁老聃时,看见有老人哭他,好像是在哭儿子;有年轻人在哭他,好像在哭父母。他们所以会合到此哭老聃,边痛哭边称赞老聃,这并非老聃所期望的。这就是失去天理,违背真情,忘掉其禀受于自然的生命之长短,古代人们叫它做失去天理。老聃生,是应时而生;死,是顺时而去。生安其时,死则顺其变化,死哀、生乐都不能入于心怀,古代的人们叫做天帝的解脱,犹如解除了倒悬的痛苦。"

【注释】

① 指穷于为薪:即脂为薪而穷。指通"脂"。
② "火传"二句:点完一烛薪又接着一烛薪,故一烛薪被点尽了,而火还可以传下去,没有尽期。

【原文】

指穷于为薪①,火传也,不知其尽也②。

【译文】

脂膏燃烧完了,火种却流传下去,无穷无尽。

人 间 世

【原文】

颜回见仲尼，请行①。曰："奚之②？"曰："将之卫③。"曰："奚为焉？"曰："回闻卫君，其年壮，其行独④。轻用其国而不见其过。轻用民死，死者以国量，乎泽若蕉⑤，民其无如矣⑥！回尝闻之夫子曰：'治国去之，乱国就之⑦。医门多疾。'愿以所闻思其则⑧，庶几其国有瘳乎⑨！"

【注释】

①请行：辞行。

②奚之：去哪儿。

③卫：春秋时诸侯国，在今河南汤阴南。

④独：专横独断。

⑤国：域，区域。乎：假借为摶，坼裂。

⑥无如：无路可走。

⑦就：即，这里指进去救治。

⑧所闻：指夫子所说的话。则：法，指救治卫国的办法。

⑨瘳(chōu)：病愈。有瘳：可以治好。

【译文】

颜回拜见孔子，向他辞行。孔子说："你到哪里去？"颜回说："我打算去卫国。"孔子说："做什么呢？"颜回说："我听说卫国国君，年轻气盛，做事独断专行；以国事为戏，却看不见自己的过失。好残民命，国中死人好像蕉草填满大泽，百姓无处逃命。我曾听您说：'国家治理好的就离开它，国家危乱则去救扶。医生门前有许多病人在等待治疗。'我愿意根据先生的教诲，去思考治理卫国的法则，或许卫国还可以治好吧！"

【原文】

仲尼曰："嘻，若殆往而刑耳①！夫道不欲杂，杂则多，多则扰②，扰则忧，忧而不救③。古之至人，先存诸己而后存诸人。所存于己者未定④，何暇至于暴人之所行⑤！且若亦知夫德之所荡而知之所为出乎哉⑥？德荡乎名，知出乎争。名也者，相轧也⑦；知也者，争之器也⑧。二者凶器，非所以尽行也⑨。

【注释】

①殆：大概，差不多。刑：受刑罚。

②扰：乱。

③不救：不可挽救。

④未定：动摇不定。

⑤何暇：哪来得及。

⑥所为出：产生的原因。
⑦轧：倾轧。
⑧器：工具，手段。
⑨尽：精于、善于的意思。

【译文】

孔子说："哎呀！你去卫国恐怕会遭到刑戮吧！学道应当专心致志，不可杂乱其心，心杂会多事自扰，自扰就会带来忧患，忧患生即不可挽救。古代的得道之人，先以道德修养自身，然后再去教诲别人。自己的道德尚未修养好，哪里还有闲暇纠正暴君的行为呢？你知道德丧失和智慧显露的原因吗？道德的丧失是由于好名，智慧的显露是为了争胜。名誉，是人们相互倾轧的祸根；智慧，是人们相互争斗的工具。名和智皆为凶器，是不能作为处世正道行之于世的。

【注释】

①德厚：道德纯厚。信矼(qiāng)：行为诚实。矼，憨实的样子。
②人气：他人的感情。
③绳墨：本指木匠画线用的工具，这里引申为法度规矩。术：通"述"，陈述。
④有：取得。
⑤命：名，称。菑：即"灾"字，害。

【原文】

"且德厚信矼①，未达人气②；名闻不争，未达人心。而强以仁义绳墨之言术暴人之前者③，是以人恶有其美也④，命之曰菑人⑤。菑人者，人必反菑之。若殆为人菑夫。

【译文】

"道德纯厚态度诚实，但未必投合对方的趣味；不争求闻名于世，但未必知晓别人的心意。勉强用仁义法度的言论，陈述于暴君面前，这是用别人的丑恶来显示自己的美德，人就会说你是在害人。害别人，别人必然会反过来害你。你恐怕要被人所害了。

【注释】

①恶(wù)：何。
②诏：谏诚，诤谏。
③荧(yíng)：通"䘏"，眩惑。
④色：气色。

【原文】

"且苟为悦贤而恶不肖，恶用而求有以异①？若唯无诏②，王公必将乘人而斗其捷。而目将荧之③，而色将平之④，口将营之⑤，容将形之⑥，心且成之⑦。是以火救火，以水救水，名之曰益多。顺始无穷，若殆以不信厚言⑧，必死于暴人之前矣！

【译文】

"假若卫君喜欢贤能而憎恶不肖,朝中自有贤能,何必用你去显异于人呢?除非你缄口不言,否则卫君将乘机抓住你说话的漏洞而施展其巧辩,以拒谏饰非。而你将眼目眩惑,面色平和以求和解,口将呶呶以自救,作出卑恭的形态,屈己之心,以成就卫君之非。这就好像是用火救火,用水救水,可谓徒增其乱。开头顺从他,以后将会永远顺从他;你恐怕虽有忠诚之言却不被信用,必将会死于暴虐的卫君面前啊!

【原文】

"且昔者桀杀关龙逢,纣杀王子比干,是皆修其身以下伛拊人之民①,以下拂其上者也②,故其君因其修以挤之③。是好名者也。

【译文】

"从前,夏朝暴君夏桀杀害关龙逢,商纣王杀害比干,都是因为他们注重道德修养,以臣下的身份抚爱人君的民众,以臣下的地位违背人君的意志,所以人君因为他们好修养道德而排挤他们。这都是追逐虚名造成的祸害。

【原文】

"昔者尧攻丛枝、胥、敖,禹攻有扈。国为虚厉①,身为刑戮②。其用兵不止,其求实无已,是皆求名实者也③,而独不闻之乎④?名实者,圣人之所不能胜也⑤,而况若乎!虽然,若必有以也,尝以语我来⑥。"

【译文】

⑤菅:乱,指说话错乱。
⑥形:表现。形之:指表现出理屈顺从的样子。
⑦成:行成之成,有妥协的意思。
⑧不信:不被信任。

【注释】
①是:此。指关龙逢与王子比干。伛拊(yǔfǔ):怜爱。
②拂:违逆,触犯。
③修:善。挤:排挤。

【注释】
①厉:厉鬼。古时说人无后而死则变为厉鬼。
②身:本身。指四国国君。
③其:指尧与禹。实:实利。名:名声。
④而:你。

"过去尧攻伐丛枝、胥、敖,夏禹攻伐有扈,国家变成废墟,百姓成为厉鬼,三国君王也被杀戮。尧、舜不断用兵,贪图实利不止,这都是追求名声和实利造成的,你偏偏没有听说这些事吗?对于名声和实利,圣人都不能克服而自全,何况是你呢!虽然我如此说,你必然有想法,那就试说给我一听吧!"

【注释】

⑤胜:克服。
⑥尝:试。来:句末助词,犹"咧"。

【原文】

颜回曰:"端而虚,勉而一①,则可乎?"曰:"恶!恶可!夫以阳为充孔扬②,采色不定③,常人之所不违④,因案人之所感,以求容与其心,名之曰日渐之德不成⑤,而况大德乎!将执而不化⑥,外合而内不訾⑦,其庸讵可乎!"

【注释】

①一:专一不移。
②阳:指刚猛气盛的品格。
③采色:神采颜色,即表情。
④不违:不敢触犯。
⑤日渐之德:每天有点进步的道德,即小德。
⑥执而不化:固执己见而不能随物变化。指卫君说。
⑦訾(zǐ):毁,消除。内不訾:内心不消除己见。

【译文】

颜回说:"我端正而谦虚,勉力而心志专一,这样可以吗?"孔子说:"唉!怎么可以呢!卫君刚猛之性充满于内而张扬于外,喜怒无常,世人都不敢违抗他的意志,因而他压制世人对他的进谏,以求得内心的快适,每天用小德感化他尚且不成,何况用大德来感化他呢!他将固执己志而不改变,只是表面附和而内心却拒不纳谏,你的劝谏怎么行得通呢!"

【注释】

①内直:内心直率而无偏见。
②上比:向从前看齐,意即从古。
③与天为徒:以天为师。意即随着自然而变化。
④所子:所生所养。

【原文】

"然则我内直而外曲①,成而上比②。内直者,与天为徒③。与天为徒者,知天子之与己,皆天之所子④,而独以己言蕲乎而人善之,蕲乎而人不善之邪?若然者,人谓之童子,是之谓与天为徒。外曲者,与人之为徒也⑤。擎跽曲拳⑥,人臣之礼也。人皆为之,吾敢不为邪?为人之所为者,人亦无疵焉⑦,是之谓与人为徒。成而上比者,与古为徒⑧。其言虽教,谪之实也,古之有也,非吾有也。若然者,虽直而不病⑨,是之谓与古为徒。若是则可乎？"仲尼曰："恶！恶可！大多政法而不谍⑩。虽固，亦无罪。虽然，止是耳矣⑪，夫胡可以及化⑫！犹师心者也⑬。"

【译文】

　　颜回说："那么，我就内心质直而表面曲尽人臣之礼，征引成言而上比古代贤人。内心质直，与自然为同类。与自然同类，知道人君和自己，都是天生的。对于自己的话，何必期望人家称赞它，或者期望人家指责它呢？像这样，世人就会称我为未失去自然本性的孩子，这就叫做与自然同类。外表曲就附和，与世人为同类。执笏跪拜和鞠躬，这是臣子的礼仪，世人都这样做，我敢不这样做吗？做一般臣下所做的事，世人也不会非难我。这就叫做与世人为同类。征引成言而上比古代贤人，与古代贤人为同类。所谈言论虽然颇有教益，指责世事却是实意，古人就有这些说法，并非我的意见。假若这样，虽然我直言指责，而并不会招来祸害，这就叫做与古代贤人为同类。这样做可以吗？"孔子说："唉！怎么可以呢！方法太多，尤不稳当。虽失之固陋，尚可免罪咎。虽然这样，也不过如此，哪里能感化卫君之心呢！此三术皆为师心自用。"

【原文】

　　颜回曰："吾无以进矣①，敢问其方。"仲尼曰："斋②，吾将语若③。有心而为之，其易邪？易之者，暤天不宜。"颜回曰："回之家贫，唯不饮酒不茹荤者数月矣。如此则可以为斋乎？"曰："是祭祀之斋④，非心斋也。"

【译文】

　　颜回说："我再也没有什么妙法进谏卫君了，请问先生有何妙法？"孔子说："你斋戒清心，我再告诉你。有心感化卫

⑤与人之为徒：以世人为师。意即举动随和于世人。

⑥跽(jì)：长跪。挺着上身，屈膝至地，臀不接踵。

⑦疵：毛病。作动词用，意即指为毛病。

⑧与古为徒：以古人为师。

⑨不病：不会出毛病。

⑩政：通"正"。政法：法规，指上文关于内直、外曲、上比的说法。

⑪止是：只不过如此。意即仅可免罪。

⑫胡：何。及化：感化别人。

⑬师心：以自己的心为师。

【注释】

①无以进：指无法提出更好的办法。

②斋(zhāi)：心斋，这里指洗除心中欲念。

③语若：告诉你。

④祭祀之斋：祭祀前的斋戒，吃素，整洁身心。

君,岂是容易之事呢!若容易,便与自然之道不相吻合。"颜回说:"我家贫困,不饮酒,不吃肉食,已经几个月了。像这样可称作斋戒了吧?"孔子说:"这是祭祀要求的斋戒,不是心斋。"

【注释】

①若:你。一志:使心志纯一,排除杂念。
②止:不动。
③符:接合。

【原文】

回曰:"敢问心斋。"仲尼曰:"若一志①,无听之以耳而听之以心;无听之以心而听之以气。听止于耳②,心止于符③。气也者,虚而待物者也。唯道集虚。虚者,心斋也。"

【译文】

颜回说:"请问先生什么叫做心斋。"孔子说:"专一你的心志,不要用耳朵听,而要用心感悟;不仅要用心感悟,还要用气息去感悟。耳的作用只是在听,心的作用是与外物相合。气虚无物,故能虚而待物。虚为道体,故谓道能集虚。心虚了,就达到心斋的境界了。"

【注释】

①得使:受教。
②入游其樊:入游于卫国之地。无感其名:不为名利动心。
③宅:安居,安处。寓于不得已:托心于无可奈何的境地。
④吉祥:善福。
⑤坐驰:形坐而神驰。
⑥纽:关键。所纽:作为治天下的关键。

【原文】

颜回曰:"回之未始得使①,实自回也;得使之也,未始有回也,可谓虚乎?"夫子曰:"尽矣!吾语若:若能入游其樊而无感其名②,入则鸣,不入则止。无门无毒,一宅而寓于不得已则几矣③。绝迹易,无行地难。为人使易以伪,为天使难以伪。闻以有翼飞者矣,未闻以无翼飞者也;闻以有知知者矣,未闻以无知知者也。瞻彼阕者,虚室生白,吉祥止止④。夫且不止,是之谓坐驰⑤。夫徇耳目内通而外于心知,鬼神将来舍,而况人乎!是万物之化也,禹、舜之所纽也⑥,伏戏、几蘧之所行终⑦,而况散焉者乎⑧!"

⑦伏戏、几蘧（qú）：都是传说中的上古君王。伏戏，即伏羲。所行终：作为终身奉行的准则。

⑧散焉者：没有成就的人。指一般人。

【译文】

颜回说："我未曾受到心斋的教诲时，确实认为有自我存在；得到先生心斋的教诲后，便没有自我的存在了，这可以叫做达到心斋的境界了吗？"孔子说："心斋之理已尽于此，我可以教诲你了。你去游卫国，不要为虚名而动心。卫君接纳你就说，不接纳你就不说。既不开口求荣，也不缄默不言，心灵凝聚而无杂念，处理事务不得已而应之，这就差不多达到'心斋'的境界了。不行路容易，行路不留痕迹难。为人欲所驱使而容易作伪，顺应自然而难以作伪。世人皆知有翅而飞，却没有听说无翅而飞者；世人皆知有智而能知，却不知无智而能知。观看那个空虚的境界，寂静的心室就会发出纯白的光，吉祥就会汇集虚寂的心地。心境不能空明虚静，这就叫做形坐而心驰。丧失耳目之见闻，内通融于心体，不用妄心妄智，鬼神将来冥附，而何况于人，能不受感化吗？若能如此，而万物皆被感化。心斋是禹、舜处世应物的关键，心斋也是伏羲、几蘧始终不忘的处世原则，而何况平庸之辈呢！"

【原文】

叶公子高将使于齐，问于仲尼曰："王使诸梁也甚重。齐之待使者，盖将甚敬而不急①。匹夫犹未可动，而况诸侯乎！吾甚栗之②。子常语诸梁也曰：'凡事若小若大，寡不道以欢成。事若不成，则必有人道之患③；事若成，则必有阴阳之患④。若成若不成而后无患者，唯有德者能之。'吾食也执粗而不臧，爨无欲清之人。今吾朝受命而夕饮冰，我其内热与！吾未至乎事之情而既有阴阳之患矣！事若不成，必有人道之患，是两也⑤。为人臣者不足以任之⑥，子其有以语我来⑦！"

【注释】

①诸梁：叶子高之字。甚敬而不急：态度上十分恭敬而办事毫不着急。

②栗：恐惧的样子。

③人道：人事。

④阴阳之患：指或悲或喜的感情会引起身体阴阳失调，伤害身心。

⑤两：双。指双重之患。

⑥不足以任之：指承受不了双重之患。

【译文】

叶公子高将出使齐国，去向孔子请教说："楚王派诸梁出使齐国,有重要的使命。齐国接待外来使者,貌似很恭敬,但却不急于承诺实际事情。一般人尚且不容易感化,何况是诸侯国君呢!我感到很恐惧。先生常教导我说:'事无大小,很少有不靠道术而使之成功的。事情若办不成,必定会受到国君的惩罚;事情若办成功,必定会因喜悦和恐惧交战胸中,而成疾病。事情或办成或办不成都没有坏处的,只有全德之人才能做到。'我的饮食粗淡,不求甘美,厨师没有怕热而求清凉的。现在,我早晨受命出使,晚间就焦躁得非饮冰水不可,大概是内热之病吧!我没有办成事,就早有阴阳失错内热之病了。事情若办不成,必然会受到国君的惩罚。这种国君惩罚和阴阳失错的祸害,作为臣下是无法承受的,先生有什么教导我吗?"

【原文】

仲尼曰:"天下有大戒二①:其一命也,其一义也。子之爱亲,命也,不可解于心;臣之事君②,义也,无适而非君也③,无所逃于天地之间。是之谓大戒。是以夫事其亲者,不择地而安之,孝之至也;夫事其君者,不择事而安之,忠之盛也④;自事其心者⑤,哀乐不易施乎前⑥,知其不可奈何而安之若命,德之至也。为人臣子者,固有所不得已。行事之情而忘其身,何暇至于悦生而恶死!夫子其行可矣!

【译文】

孔子说:"天下人有两个足以为戒的法则:一是自然天性,一是作人的道义。儿女敬爱父母,这是自然天性,是系结于心而不可解除的。臣下侍奉国君,是作人的道义,无论到什么地方都不能没有国君,在天地间是无法逃避的。爱敬父母、侍奉国君,是世上不可更改的大法。所以,侍奉自己父母的人,无论在什么环境下,都要让父母过得安适,这就是孝心的最高体现。侍奉国

【注释】

①戒:法则。

②事君:为国君服务。

③"无适"句:不论何时何国都不能没有国君。适:往。

④盛:最。

⑤自事其心者:懂得调养自己心性的人。

⑥易施:改变移动。前:当前,指当时的心境。

⑦子:先生,指仲尼。其:表示祈求语气的助词。有:又。以:下省"之"。

君的人，无论做什么事，都要遵从君主的旨意，这就是忠心的最高表现。自我修养心性，处于哀乐之境，也不会影响自己的感情；知道世事艰难无可奈何，而安于处境顺应自然，这可谓道德修养的最高境界了。作为国君的臣下，本来就有不得不做的事。做事要按实情去办理，置自身于不顾，哪里还能有贪生怕死的念头呢！你这样去做就可以了。

【原文】

"丘请复以所闻：凡交近则必相靡以信①，远则必忠之以言②。言必或传之。夫传两喜两怒之言③，天下之难者也。夫两喜必多溢美之言，两怒必多溢恶之言。凡溢之类妄，妄则其信之也莫，莫则传言者殃。故法言曰④：'传其常情⑤，无传其溢言，则几乎全⑥。'

【注释】

①交：交往。指国家间的外交。

②忠之以言：用语言来表达互相忠诚。

③两喜：双方都高兴。两怒：双方都愤怒。

④法言：古代格言。一说古书名。

⑤常情：基本内容。句意谓传言时要剔除那些出于两喜两怒的溢言。

⑥则几乎全：就大概可以保全自己了。

【译文】

"我还要告诉你我所听到的话：凡与国相交，交近国必须相亲顺以行信；交远国必须忠于诺言。言语必须有人传达。传达两国国君的喜怒之言，是天下最难的事。两国国君喜悦的话语必定会有许多赞美的词句，两国国君愤怒的话语必定会有许多憎恶的词句。凡是过分的话，就会接近于荒诞；荒诞之言，使人迟疑不信，传达国君疑惑不信的言语就会遭殃。所以，《法言》上说：'传达其真实之言，不要传达其过分的言辞，那就差不多能够全身免祸了。'

【原文】

"且以巧斗力者①，始乎阳，常卒乎阴，泰至则多奇巧②；以礼饮酒者，始乎治，常卒乎乱，泰至则多奇乐③。凡事亦然，始乎谅，常卒乎鄙；其作始也简，其将毕也必巨。言者，风波也④；行者，实丧也⑤。夫风波易以动，实丧易以危。故忿设无由，巧言偏辞。兽死不择音⑥，气息茀然⑦，于是并生心厉。剋核大至，

【注释】

①以巧斗力：凭借智巧角力争胜。

②泰至：太甚，太过。奇巧：异乎寻常的机巧，此指阴谋诡计。

③奇乐:异乎寻常的娱乐,此指醉欢取乐。
④风波:比喻捉拿不定。
⑤实丧:得失。有所作为则必有得失。
⑥不择音:即狂乱而叫。
⑦气息:呼吸喘气。茀(bó):通"勃",气息急促的样子,表现怒气发作。
⑧不肖:不善。
⑨迁令:改变命令。
⑩无劝成:意即任之自然,不要加上任何主观作用来促进它。
⑪过度:超越分寸。
⑫乘物以游心:心神任随外物的变化而遨游。
⑬养中:保养心性。

则必有不肖之心应之而不知其然也⑧。苟为不知其然也,孰知其所终!故法言曰:'无迁令⑨,无劝成⑩。过度益也⑪。'迁令劝成殆事。美成在久,恶成不及改,可不慎与!且夫乘物以游心⑫,托不得已以养中⑬,至矣。何作为报也!莫若为致命,此其难者?"

【译文】

"比如以巧力相斗的人,开始明来明去,往往后来便使用阴谋,太过分时就使用诡计伤人。以礼节饮酒的人,开始还有秩序,往往到后来即陷入混乱,太过分时就荒淫无度了。凡事也是如此,始则肝胆相照,必信不疑,久则欺诈之心萌生;开始简单从事,最后愈加扩大。言语,犹如风波的忽起忽灭;传达言语,就会有得失。风波容易产生是非,得失容易取辱。所以愤怒的发作,是由于巧言偏辞造成的。兽被逼于死地,会怪声吼叫,其怒气勃然发作,于是便产生伤生恶念。做事太苛刻,就会引起别人的报复之心,而自己却不知其所以然。假若自己做的事都不知道怎么回事,那谁会知道将会产生什么样的结果呢!所以,《法言》上说:'不要改变传达的指令,不要勉强把事情办成。超过常度,就是失实的增益。'改变指令、勉强把事情办成,就会把事情办坏。即使结为友好,也应保持有终;若一失手,便不可挽回,难道不值得慎重吗?能够顺应外物、逍遥自在地遨游,寄托自身于自然,不得已而应之,以此来修养心性,可谓达到理想的境界了。何必为报答君命而故意做作呢!不如如实地传达君命,这样做已经是很不容易了。"

【注释】

①天杀:天生嗜杀。
②与之:对他。无方:没有原则。

【原文】

颜阖将傅卫灵公大子,而问于蘧伯玉曰:"有人于此,其德天杀①。与之为无方则危吾国②,与之为有方则危吾身。其知适足以知人之过,而不知其所以过。若然者,吾奈之何③?"蘧伯玉曰："善哉问乎！戒之，慎之，正女身也哉！形莫若就，心莫若和。虽然，之二者有患。就不欲入，和不欲出④。形就而入，且为颠为灭，为崩为蹶⑤；心和而出，且为声为名，为妖为孽⑥。彼且为婴儿⑦，亦与之为婴儿；彼且为无町畦⑧，亦与之为无町畦；彼且为无崖，亦与之为无崖；达之，入于无疵"。

③奈之何：对他怎么办。
④出：表露，显露。
⑤崩：垮。蹶（jué）：跌倒，失败。
⑥妖、孽：都是凶恶的象征。
⑦婴儿：比喻天真无知。
⑧町（tǐng）：田界。畦（qí）：田园中分成的小区域。

【译文】

颜阖将去卫国做卫灵公太子的师傅，他去请教蘧伯玉说："这里有这样一种人，他的德性天生凶残。不以法度劝导他，将会危害我们的国家；若以法度劝谏他，将会危害我自身。他的智慧足以看到别人的过失，而并不知道为什么会犯错误。像此种情况，我该怎么办？"蘧伯玉说："你问得很好！要警惕，要谨慎，首先端正自身。表面上要亲近他，内心里要想着调和他。虽然亲近和调和他，也未必能避免祸患。表面亲近而不与他苟同，心里想调剂他而不显露自己。亲近而顺从他，将会颠覆毁灭；内心想着调剂他而显露出自己，他将会认为你在争名声，就会招致祸害。他若像婴儿那样无知，你也表现出与他一样无知；他假若没有准绳法度，你也表现与他一样没准绳法度。他假若放荡无拘束，你也表现与他一样放荡无拘束。委曲而引导他，就会不被伤害了。"

【原文】

"汝不知夫螳螂乎？怒其臂以当车辙①，不知其不胜任也，是其才之美者也②。戒之，慎之，积伐而美者以犯之③，几矣！

【译文】

"你不知道螳螂吗？奋起臂膀去阻挡车轮，不知道自己不能胜任，原因就在于它自恃自己的才能很大。要警惕啊，谨慎啊，经常夸耀自己的才能，去触犯他，这就非常危险了！

【注释】

①怒：奋举。辙：本指车轮碾过的痕迹。此指车轮。
②是：作动词，有恃的意思。美：得意可观，指螳螂臂说。
③积：多次，屡屡。伐：夸耀。

【注释】

① 生物:活生生的动物。
与之:给它吃。
② 全物:整个动物(指老虎吃的小动物)。
③ 达:引导。
④ 媚养己者:媚顺于养自己的人。
⑤ 逆:触犯。

【原文】

"汝不知夫养虎者乎?不敢以生物与之①,为其杀之之怒也;不敢以全物与之②,为其决之之怒也。时其饥饱,达其怒心③。虎之与人异类,而媚养己者④,顺也;故其杀者,逆也⑤。"

【译文】

"你不知道养虎的人吗?不敢用活着的动物去喂老虎,怕虎在扑杀活动物时,会引发怒气;也不敢用完整的动物喂老虎,怕老虎在撕裂完整的动物时引发起怒气。能够知道老虎的饥饱再去喂它,顺导它而泄其怒势。老虎与人不同类,它却伏贴养虎人,是因为养虎人能顺着老虎的性情;养虎人所以会被老虎吃掉,是因为触犯了老虎的性情。

【注释】

① 筐:竹编的盛东西的器具。
② 蜄(shèn):大蛤。此处指大蛤壳,装马尿用。
③ 不时:不合时。
④ 缺衔:咬断口勒。首、胸:指马笼头与肚带之类。
⑤ 意:主观意图。

【原文】

"夫爱马者,以筐盛矢①,以蜄盛溺②。适有蚊虻仆缘,而拊之不时③,则缺衔毁首碎胸④。意有所至而爱有所亡⑤,可不慎邪!"

【译文】

"喜爱马的人,用精美的竹筐盛马粪,用美丽的蛤壳盛马尿。有蚊子和牛虻叮在马身上,爱马人不时随手拍打,则马咬断衔勒、挣断辔头、损坏胸络。心意在爱马,而反失其所爱,能够不谨慎吗!"

【注释】

① 匠石:木匠名石。
② 栎(lì):树名,有白栎、高山栎等。社树:被拜为土地神的树。

【原文】

匠石之齐①,至于曲辕,见栎社树②。其大蔽数千牛,絜之百围③,其高临山十仞而后有枝④,其可以为舟者旁十数⑤。观者如市⑥,匠伯不顾,遂行不辍⑦。弟子厌观之,走及匠石,曰:"自吾执斧斤以随夫子,未尝见材如此其美也。先生不肯视,行不辍，何邪？"曰："已矣，勿言之矣！散木也。以为舟则沉，以为棺椁则速腐，以为器则速毁，以为门户则液樠⑧，以为柱则蠹⑨，是不材之木也⑩。无所可用，故能若是之寿。"

【译文】

有位姓石的木工到齐国去，到曲辕的地方，看见一棵长在祭社之所的栎树。此树之大可以遮蔽数千条牛，树干粗有百余围，树身比山高出十余丈才分出树杈，用它可造十余条船。观看这棵树的人像赶集的人那样多，而这位木工却不屑一顾，仍然不停地往前走。木工的弟子看了很长时间，跑着赶上木工，说："自从我拿着斧子跟随先生以来，未曾看见有这样好的木材。先生不肯一看，行路不止，这是为什么呢？"木工说："算了，不要说它了！这是棵木质松散的无用之树。用它来造船则会沉没，用它来做棺椁则会很快腐朽，用它来做器具则很快就会毁坏，用它来做房屋的门则会脂液外渗而裂开，用它来做梁柱则会虫蛀而不结实，是一棵不能制作器具的树木。因为它没有用处，所以才能如此长寿。"

【原文】

匠石归，栎社见梦曰①："女将恶乎比予哉？若将比予于文木邪②？夫柤梨橘柚果蓏之属，实熟则剥③，剥则辱。大枝折，小枝泄④。此以其能苦其生者也⑤。故不终其天年而中道夭，自掊击于世俗者也。物莫不若是。且予求无所可用久矣！几死⑥，乃今得之⑦，为予大用。使予也而有用，且得有此大也邪？且也若与予也皆物也，奈何哉其相物也？而几死之散人，又恶知散木！"匠石觉而诊其梦。弟子曰："趣取无用，则为社何邪⑧？"曰："密！若无言！彼亦直寄焉！以为不知己者诟厉也⑨。不为社者，且几有剪乎⑩！且也彼其所保与众异，而以义喻之⑪，不亦远乎⑫！"

③絜(xié)：用绳子计量圆筒形物体的粗细。旧说直径一尺为一围。

④临山：临居山顶，即高出山顶。

⑤为舟：造船。

⑥市：集市。形容人多热闹。

⑦辍(chuò)：停止。

⑧樠(mán)：树名，树心似松。松树心有脂液流出，樠树也是如此。液樠：脂液流出如樠树。说明木心不坚实。

⑨蠹(dù)：蛀木虫。此作动词，谓虫蛀。

⑩不材：不能用作材料。

【注释】

①见(xiàn)梦：托梦。

②文木：纹理正常，可作木料的树。

③实熟：果实成熟。

④泄：通"抴(yè)"，拉，牵扭。这里指被牵扭。

⑤苦：作动词。苦其生：使一生受苦。

⑥几(jī)死：几乎被砍死。

⑦得之：指实现了无用为用的愿望。

⑧趣：通"趋"。趣取：追求。为社：做土地神。

⑨诟(gòu)：侮辱。厉：病。

⑩剪：砍伐。

⑪义：常理。

⑫远：相距太远，即失去分寸。

【译文】

　　本工回家后，栎社树托梦给他说："你把我与什么树对比呢？你将把我比作树纹细密的有用之树吗？山楂、梨、橘、柚等果类，果实熟了就被打落，被打落就遭折损；大枝被折断，小枝遭牵扯。这是因为它们有用才苦了一生的。所以，它们不能终天年而半道夭折，是自己招来世俗之人的打击。事物无不是如此。我寻求没有用处已经很久了！几乎被砍死，今幸而得全，以不材全生为我大用。假使我有用，能够全生而长成这样高大吗？况且，你与我都是天地间之一物，为何你依仗有用，而把我当做散木相看呢？你不过是几乎要死去的无用之人，又怎么能知道没有用处的散木呢！"木工醒后，把梦见栎社树的事告诉弟子。弟子说："栎树既然意在求取无用，那又为何借神社以自全呢？"木工说："闭上嘴！你别说话！栎树只是特意寄形迹于神社中罢了！因此招到不了解自己的人的讥辱和伤害。栎树不为社树，将差不多有剪伐之害啊！况且，栎树保全生命之道与众不同，而以常理称述它，不是相去甚远吗！"

【注释】

①驷：四马拉一车。

②籁(lài)：荫。

③大根：粗大的树干下部。

④轴：本指车轮中心的圆柱。这里借指树心。轴解：木心不坚实。

⑤为伤：被伤害。

⑥酲(chéng)：醉酒。狂酲：大醉如狂。已：止。

【原文】

　　南伯子綦游乎商之丘，见大木焉，有异：结驷千乘①，隐将芘其所藾②。子綦曰："此何木也哉！此必有异材夫！"仰而视其细枝，则拳曲而不可以为栋梁；俯而视其大根③，则轴解而不可以为棺椁④；咶其叶，则口烂而为伤⑤；嗅之，则使人狂酲三日而不已⑥。子綦曰："此果不材之木也，以至于此其大也。嗟乎，神人以此不材。"

【译文】

　　南伯子綦到商丘游玩，看见一棵大树，与众树不同，可供集结四千匹马拉的一千乘车，在树荫之下隐庇。子綦惊奇地说："这是棵什么树啊！它必然会有与众不同之材吧？"他仰起头仔细观看树木的细枝，细枝卷曲不能用作屋梁；低头看它的树干，树干木纹旋散不能用作棺椁；用舌头舔这棵树的树叶，嘴就会溃烂被伤害；用鼻子嗅树的味道，就会使人大醉如狂三天不能复好。子綦于是说："这棵树果然是不能作器材的树木，才至于长成这样的高大。哎呀！得道之人就想这样不材而自全呢。"

【原文】

宋有荆氏者，宜楸柏桑①。其拱把而上者②，求狙猴之杙者斩之③；三围四围，求高名之丽者斩之④；七围八围，贵人富商之家求樿傍者斩之⑤。故未终其天年而中道之夭于斧斤，此材之患也。故解之以牛之白颡者⑥，与豚之亢鼻者⑦，与人有痔病者，不可以适河。此皆巫祝以知之矣，所以为不祥也。此乃神人之所以为大祥也。

【注释】

① 宜：适宜，指适宜种植。楸(qiū)：落叶乔木，干高叶大，木材质地细密。

② 把：一手所握。形容树枝的粗细。

③ 杙(yì)：小木桩。可用来拴狙猴。

④ 高名：荣华高大。

⑤ 樿(shàn)傍：单幅板的棺材。

⑥ 解：解祷，求神免灾的祈祷。颡(sǎng)：额。

⑦ 豚(tún)：小猪。

【译文】

宋国荆氏这个地方，适宜栽种楸、柏、桑三种树木。这三种树长到一两把粗以上，就被寻找系猴木桩的人砍掉；三围或四围粗的树木，就被寻找高大栋梁的人砍掉；七围或八围粗的树木，就被寻找棺材板的贵人富商砍掉。所以，这些树木没有等到享尽天年半道就夭折于刀斧，这就是这些树木可作器材造成的祸害。古代祈祷神灵以消除灾害的人，总认为颜色不纯的牛、鼻高而仰的小猪、患有痔疮的人，不能投入河中祭神。这些情况巫师都知道，认为都是不吉祥之物。这些，却正是神人（即道人）认为是最大的吉祥。

【注释】

① 支离疏:作者假设人名。有支离破碎的意思,表明形体不健全。

② 颐(yí):面颊。隐于脐:藏在肚脐里。

③ 五管:五脏之腧。

④ 髀(bì):大腿。

⑤ 上:统治者。

⑥ 常疾:长期残废。不受功:不用当差。

⑦ 支离:作动词用。支离其形:使他的形体残废。

⑧ 支离其德:使他的道德成为世俗看来是不正常的,有缺陷的。

【原文】

支离疏者①,颐隐于脐②,肩高于顶,会撮指天,五管在上③,两髀为胁④。挫针治繲,足以餬口;鼓筴播精,足以食十人。上征武士⑤,则支离攘臂而游于其间;上有大役,则支离以有常疾不受功⑥;上与病者粟,则受三钟与十束薪。夫支离其形者⑦,犹足以养其身,终其天年,又况支离其德者乎⑧!

【译文】

有个叫支离疏的人,脸面隐缩在肚脐里,肩高过头顶,发髻朝天,五脏的穴位皆在脊背之间,大腿与胁并在一起,他替人缝洗衣服,便足以吃饱肚子;他扬糠拣米,便足以养活十人。国君征武士,支离疏捋起衣袖,伸长手臂,在应征的人群里走来走去。国君有大的差役,支离疏因有残疾不接受差役。国君给病残的人发放口粮,支离疏领到三钟粮和十捆柴草。形体残缺不全,还能足以养活自身,享尽天年,又何况他还是忘掉德行的人呢!

【注释】

① 游其门:走过他的门口。

② 追:追及,挽回。

③ 成:成就事业。

④ 载:承受,故引申为享受。

⑤ 已乎:算了吧。

⑥ 迷阳:一种多刺的草。

⑦ 郤(xì)曲:即刺榆,一种带刺的小树。小者如草,散生在原野,刺针伤人。

【原文】

孔子适楚,楚狂接舆游其门曰①:"凤兮凤兮,何如德之衰也。来世不可待,往世不可追也②。天下有道,圣人成焉③;天下无道,圣人生焉。方今之时,仅免刑焉!福轻乎羽,莫之知载④;祸重乎地,莫之知避。已乎⑤,已乎!临人以德。殆乎,殆乎!画地而趋。迷阳迷阳⑥,无伤吾行。吾行郤曲⑦,无伤吾足。"

【译文】

孔子到楚国,楚国隐士接舆来到孔子馆舍说:"凤凰鸟啊,凤凰鸟啊!为什么怀有这样的盛德却来这衰败的国家。未来的世代不可期待,过去的岁月不能追回。天下太平时,圣人就成就自己的事业；天下混乱时，圣人则全生而已。当今这个时代，德如圣人，仅可免刑。幸福比羽毛还轻，却不知道受用；祸患比大地还厚重，却不知道回避。算了吧，算了吧！不要在人面前夸耀自己的德行。危险啊，危险啊！不要画地牢而自投罗网。荆棘，荆棘啊！不要妨碍我行路。道路弯曲，不要伤害我的脚。"

【原文】

山木，自寇也①；膏火②，自煎也。桂可食，故伐之；漆可用，故割之。人皆知有用之用，而莫知无用之用也。

【译文】

山上的树木因为有用，因此招来折扭砍伐之害。油脂可以燃烧照明，被人取去煎熬。桂树的皮和肉芳香，可供调味食用，所以遭到砍伐之祸。漆树的漆能供使用，所以遭到切割。人们都知道有用的用处，却不知道无用的用处。

【注释】

①寇：砍伐。自寇：自讨砍伐。
②膏：油脂。油脂可以点火，故称膏火。

德充符（节选）

【原文】

　　鲁有兀者王骀①，从之游者与仲尼相若②。常季问于仲尼曰："王骀，兀者也，从之游者与夫子中分鲁③。立不教，坐不议。虚而往，实而归。固有不言之教，无形而心成者邪④？是何人也？"仲尼曰："夫子⑤，圣人也，丘也直后而未往耳⑥！丘将以为师⑦，而况不若丘者乎！奚假鲁国，丘将引天下而与从之。"

【注释】

①兀（wù）者：被处刑断足的人。王骀（tái）：假设人名。
②从之游：跟随他的门徒。
③中分：对半分。句谓鲁国的学士一半跟孔子，一半跟王骀。
④成：形成。引申为掌握、引领。
⑤夫子：孔子对王骀的称呼。
⑥直：特。后：迟，落后。
⑦以为师：拜他作老师。

【译文】

　　鲁国有位断了脚的人，叫王骀，向他求学的弟子与孔子的差不多。常季问孔子："王骀是断了脚的人，但跟他学的人却和跟先生学的人在鲁国各占一半。他立不施教，坐不议论，向他学习的人空虚而来，满载而归。果真有不需语言的教诲，无形感化而达到潜移默化之功吗？这是什么人呢？"孔子说："他是圣人，我落在后面还没去请教他呢。我准备拜他为师，何况不如我的人呢？何止鲁国，我要引导天下的人跟他学哩！"

【原文】

　　常季曰："彼兀者也，而王先生①，其与庸亦远矣②。若然者，其用心也③，独若之何？"仲尼曰："死生亦大矣，而不得与之变④；虽天地覆坠⑤，亦将不与之遗⑥；审乎无假而不与物迁，命物之化而守其宗也。"

【注释】

①王（wàng）先生：作先生的师长。
②庸：常人。
③用心：犹今说指导思想。
④不得：不会。
⑤覆：指天塌下来。
⑥遗：失，指天塌地陷。

【译文】

　　常季说："他断了脚，却能胜过您，那么，他比普通人是一定深远得多了。果真这样的话，他又是怎样地去运用他的心智的呢？"孔子说："死生是大事，却不能影响到他，就是天地翻转，他也不会随着毁灭。他处于无所待的境界而不受外物变迁，主宰事物的变化而执守一贯的宗旨。"

【原文】

常季曰："何谓也？"仲尼曰："自其异者视之，肝胆楚越也；自其同者视之，万物皆一也。夫若然者，且不知耳目之所宜，而游心乎德之和①。物视其所一而不见其所丧，视丧其足犹遗土也。"

【注释】

①和：取消界限、对立，与物相通为一。

【译文】

常季问："这是什么意思啊？"孔子说："从万物相异的一面去看，肝和胆就如同楚国与越国相距那么远；但从它们相同的一面去看，万物都是一样的。如果了解了这一点，就不会去关心耳目适宜于何种声色，只求心灵游于德的和谐境界；从万物相同的一面去看，就看不见有什么丧失，所以看自己断了一只脚就像掉了一块泥土，并不在意。"

【原文】

常季曰："彼为己①，以其知得其心，以其心得其常心②。物何为最之哉？"仲尼曰："人莫鉴于流水而鉴于止水。唯止能止众止。受命于地，唯松柏独也正，在冬夏青青；受命于天，唯尧、舜独也正，在万物之首。幸能正生③，以正众生④。夫保始之徵，不惧之实，勇士一人，雄入于九军⑤。将求名而能自要者而犹若是⑥，而况官天地、府万物、直寓六骸、象耳目、一知之所知而心未尝死者乎⑦？彼且择日而登假⑧，人则从是也⑨。彼且何肎以物为事乎！"

【注释】

①为己：修养自己。

②常心：永恒不变的思想，实指天道。

③正生：使自己的心性纯正。

④正众生：使众人的心性纯正。

⑤九军：天子六军、诸侯

(大国)三军,通称九军。这里总言军队众多。

⑥自要:自己要求自己。

⑦直:但。寓:寄托。象耳目:以耳目为虚象,意即徒有耳目之形而没有视听的作用。

⑧择日:取日,意即需要一定时间。旧注选择吉日,疑非。

⑨从是:追随他这一点。

【注释】

①合堂:同在一个屋里。

②执政:宰相。子产是郑相。

③齐执政:与宰相平起平坐。

④先生:指伯昏无人。

⑤后:用作动词。后人:看不起别人。

【译文】

　　常季问:"王骀修己也就算了,他用智慧去理解、分别一切的心,再根据这个心返回到不起分别作用的'常心',但为什么大家会归依他呢?"孔子说:"人不会在流水中照影子,而在静水中去照自己的影子,唯有静止的东西才能使物静止呀。在所有接受生命于地的万物当中,只有松柏禀奉自然的正气,不分四季地枝叶常青;在所有接受生命于天的万物之中,只有尧和舜得了性命之正,因而在万物中为首领。幸而他们能自正其性命,才能去引导众人。能保全本始的征验,勇者的无所惧怕。勇敢的武士,敢于一人冲入千军万马之中。将士为了求得名誉,尚且能这样,何况主宰天地,包藏万物,以六骸为寄寓,以耳目为幻象,天赋的智慧能洞见所知的领域,而心中未尝有死的念头的人呢?这样超凡脱俗的人,大家都乐意随从他,他哪里会把吸引众人当成一回事呢?"

【原文】

　　申徒嘉,兀者也,而与郑子产同师于伯昏无人。子产谓申徒嘉曰:"我先出则子止,子先出则我止。"其明日,又与合堂同席而坐①。子产谓申徒嘉曰:"我先出则子止,子先出则我止。今我将出,子可以止乎?其未邪?且子见执政而不违②,子齐执政乎③?"申徒嘉曰:"先生之门固有执政焉如此哉④?子而说子之执政而后人者也⑤。闻之曰:'鉴明则尘垢不止,止则不明也。久与贤人处则无过。'今子之所取大者,先生也,而犹出言若是,不亦过乎!"

【译文】

　　申徒嘉是一个断了脚的人,和著名的郑国大夫子产一同拜伯昏无人为师。子产对申徒嘉说:"我先出去,那么你就停下;要是你先出去呢，那么我就停下，等你出去后我再出去！"第二天，他们又坐到了一起。子产对申徒嘉说："我告诉过你：我先出去，你就停下；你先出去，我就停下。现在我要出去，你可以稍停一下吗？还是不能呢？你见我这执政大臣竟不回避，你把自己看成和我一样重要吗？"申徒嘉说："先生的门下，有这样的执政吗？你炫耀你的执政地位而瞧不起人吗？我听说：'镜子明亮就不落灰尘，落下灰尘就不明亮。常和贤人在一处就不会犯过失。'你来先生这里乃是为了求学进德，竟说出这种话来，你难道不是太过分了吗？"

【原文】

子产曰："子既若是矣①，犹与尧争善。计子之德，不足以自反邪？"申徒嘉曰："自状其过以不当亡者众②；不状其过以不当存者寡。知不可奈何而安之若命，唯有德者能之。游于羿之彀中③。中央者，中地也④，然而不中者，命也。人以其全足笑吾不全足者多矣⑤，我怫然而怒⑥，而适先生之所，则废然而反⑦。不知先生之洗我以善邪⑧？吾之自寤邪？吾与夫子游十九年矣，而未尝知吾兀者也。今子与我游于形骸之内⑨，而子索我于形骸之外⑩，不亦过乎！"子产蹴然改容更貌曰⑪："子无乃称！"

【译文】

子产说："你已经被砍去一条腿了，还要和尧争善。你计量一下你自己的微末德行，你犯了这么多过失，难道还不够你反省的吗？"申徒嘉说："一人自己辩解自己的过恶，认为自己不应当被残形的刑人很多；既已残形了，而不辩解自己的过错，以为自己不当全形的人却很少。知道事情的无可奈何，而能安下心来，视不幸为自然的命运，这只有有德性的人才做得到。走进神射手羿的射程之中，正是当中的地方，就是进入了必中的境地；

【注释】

①若是：如此。指申徒嘉受过断足的刑罚。

②状：陈述。过：过错。

③羿（yì）：传说中射箭的能手。彀（gòu）：使劲张弓。彀中：射程之内。

④中（zhòng）地：射中的境地。

⑤全足：双足齐全。

⑥怫（fú）然：脸上变色的样子。

⑦废然：指怒气消除的样子。

⑧洗我以善：即以善洗我，意谓以善教育我。

⑨形骸之内：指心。

⑩形骸之外：即外貌，指腿而言。

⑪蹴(cù):变色。蹴然:脸上显出不安的样子。

然而有时不被射中,那是命呀。别人因两脚完全而笑我的人很多,我听了很气愤;等到先生这儿之后,我的这种怒气全消了。这不是先生以善道来教育我吗?我在先生门下已经十九年了,可他却从来没有在意过我的断脚。现在你和我游于'形骸之内',以德相交,但你却在'形骸之外',用外貌来品评我,太过分了!"子产听后,觉得非常惭愧,于是立刻改变容貌,说:"请您不必再说了。"

【注释】

①叔山无趾:居于叔山,脚趾被割去,故称。

②踵见:由于没有脚趾,故此只得用脚跟走去见。

③犯患:遭殃,指犯罪而得刑罚之祸。

④何及:哪儿来得及。意即无法挽救。

⑤尊足者:比足还尊贵的东西。指道德。

⑥是以:因此。务全之:竭力保全它。

⑦夫天二句:说明天地伟大,并用来比喻夫子。

⑧丘:孔子自称其名。

⑨无趾出:孔子请入,无趾不但不入,反而出,表示根本看不起孔丘。

【原文】

鲁有兀者叔山无趾①,踵见仲尼②。仲尼曰:"子不谨,前既犯患若是矣③。虽今来,何及矣④!"无趾曰:"吾唯不知务而轻用吾身,吾是以亡足。今吾来也,犹有尊足者存⑤,吾是以务全之也⑥。夫天无不覆,地无不载⑦,吾以夫子为天地,安知夫子之犹若是也!"孔子曰:"丘则陋矣⑧!夫子胡不入乎?请讲以所闻。"无趾出⑨。孔子曰:"弟子勉之!夫无趾,兀者也,犹务学以复补前行之恶,而况全德之人乎!"

【译文】

鲁国有一个被斩断了脚趾的人,名字叫叔山无趾。他用脚后跟走路,去见孔子。孔子说:"你因为行为不谨,早先已经犯过这样的错误。现在虽然知道来向我求教,却又怎么来得及呢?"无趾说:"我因不知时务而轻率地用我的身子,所以才被斩断了脚趾。我现在到你这里来,还有比脚更尊贵的东西存在啊,我想要保全它。天是无所不覆盖的,地是无所不包容的,我把你当做天地,想不到你却是这样!"孔子说:"我实在是太浅陋了。你为什么不进来呢?请说说你的想法吧。"但无趾却转身走了。孔子说:"弟子们,你们应当勉励呀!无趾是个没脚趾的人,还努力求学,以求补过前非,何况你们这些没有犯过错的全德之人呢?"

【原文】

无趾语老聃曰："孔丘之于至人，其未邪？彼何宾宾以学子为①？彼且蕲以诚诡幻怪之名闻②，不知至人之以是为己桎梏邪③？"老聃曰："胡不直使彼以死生为一条，以可不可为一贯者④，解其桎梏，其可乎？"无趾曰："天刑之，安可解！"

【译文】

无趾对老聃说："孔子还没有达到至人这一境界。他为什么常常来求教于你呢？而他还要企图以奇特的名声传闻天下，他不知道至人把名声当做枷锁吗？"老聃说："你为什么不让他明白死生是一致，可与否是平齐的道理，以解除他的束缚，这样可以吗？"无趾说："这是天然加给他的刑罚，怎么能解除呢？！"

【注释】

①宾宾：恭敬的样子。
②蕲(qí)：求。诚(chù)诡：奇异。前句说孔子好学，这句说孔子慕教。都是与至人的无为思想背道而驰的。
③桎梏(zhìgù)：镣铐。在脚叫桎，在手叫梏。古代用木做成，故二字均从木。
④一条、一贯：都是相连相通的意思。可不可：可与不可。

【原文】

闉跂支离无脤说卫灵公①，灵公说之，而视全人：其脰肩肩②。瓮㼜大瘿说齐桓公③，桓公说之，而视全人：其脰肩肩。故德有所长而形有所忘④。人不忘其所忘而忘其所不忘，此谓诚忘。

【译文】

有一个跛脚、伛背、豁嘴的人去游说卫灵公，卫灵公很喜欢他。卫灵公再看完整的人，反而觉得他们脖子太细小了。有一个脖子上长着大肉瘤的人去游说齐桓公，齐桓公很喜爱他。再看到形体完整的人，齐桓公这时却又反觉得他们的脖子太细小了。所以，只要有过人的德性，形体上的残缺就会被人遗忘。人如果不遗忘他应当遗忘的形体，而遗忘他不应遗忘的德性，这才是真正的遗忘呢。

【注释】

①闉(yīn)跂支离无脤(chún)：按形状虚设的人名。闉：曲，伛背。
②脰(dòu)：颈。上一"肩"字解肩膀，下一"肩"字解肩负。句谓他的脖子要用肩膀来托住。
③瓮㼜：装东西的陶器。瘿：长在脖子上的一种囊状肉瘤。
④长(cháng)：善。忘：指对形体上的缺陷。

【注释】

① 孽(niè):妖孽。
② 约为胶:结合是因为有胶粘。约,结合。
③ 工为商:工巧是为了做生意。
④ 斲(zhuó):斲开,指人为地分开。
⑤ 货:卖。
⑥ 鬻(yù):养。

【原文】

故圣人有所游,而知为孽①,约为胶②,德为接,工为商③。圣人不谋,恶用知?不斲④,恶用胶?无丧,恶用德?不货⑤,恶用商?四者,天鬻也⑥。天鬻者,天食也。既受食于天,又恶用人!

【译文】

所以,圣人悠游自在,而智巧是灾难,誓约是胶执,市惠是交接的手段,工巧是奸商的本性,圣人不图谋虑,哪里还用得上智巧呢?顺任自然,哪还用什么胶执?浑然无缺,哪还用什么德行?不谋求利益,哪还用商贾?这四者就是天养。所谓天养,就是受自然的饲养。既然受自然的饲养,又何必用人为的?

【注释】

① 情:指人主观上的性情。详见下文。
② 群于人:与人为群。
③ 不得于身:在身上毫无反映。
④ 眇(miǎo):细小。
⑤ 謷(áo):伟大。

【原文】

有人之形,无人之情①。有人之形,故群于人②;无人之情,故是非不得于身③。眇乎小哉④,所以属于人也;謷乎大哉⑤,独成其天。

【译文】

有人的形体,而没有人的偏执。有人的形体,所以和人相处;没有人的偏执,所以一般人的是非观都影响不到他。渺小呀!与人同类。伟大呀!与自然同体。

【注释】

① 然:是这样。
② 与:赋予。下句同。
③ 是:此。指惠子所说的人情。

【原文】

惠子谓庄子曰:"人故无情乎?"庄子曰:"然①。"惠子曰:"人而无情,何以谓之人?"庄子曰:"道与之貌②,天与之形,恶得不谓之人?"惠子曰:"既谓之人,恶得无情?"庄子曰:"是非吾所谓情也③。吾所谓无情者,言人之不以好恶内伤其身,常因自然而不益生也④。"惠子曰:"不益生,何以有其身⑤?"庄子曰:"道与之貌,天与之形,无以好恶内伤其身。今子外乎子之神,劳乎子之精⑥,倚树而吟,据槁梧而瞑。天选子之形,子以坚白鸣⑦。"

④常因句:因,顺。不益生,无须培养性情。句意谓一切顺乎自然而不用人为地去培养性情。
⑤身:身体。有其身:维持身体健康。
⑥今子二句:谓惠子把精神用在追逐外物上,以致疲劳。
⑦坚白:坚白论,这是当时名家辩论的重要命题。

【译文】

　　惠子问庄子:"人果然没有情吗?"庄子说:"是的。"惠子说:"人如果没有情,怎么能称为人?"庄子说:"道给了人外貌,天给了人形体,怎么就不能称为人呢?"惠子说:"既然称为人,怎么没有情?"庄子说:"这不是我所说的'情'。我所说的无情,其实是说不因为好恶而损伤自己的本性,经常顺任自然而不用人为行动去增益。"惠子说:"不用人为的行动去增益,怎么能够保存自己的身体呢?"庄子说:"道给了人容貌,天给予人形体,又不用因为好恶而损害人的本性,但你现在弛散你的心神,劳费你的精力,倚靠大树而歌吟,靠着几案休息。天给了你形体,可你却以自己的坚白之论而自鸣得意!"

大 宗 师

【原文】

　　知天之所为①，知人之所为者，至矣！知天之所为者，天而生也②；知人之所为者，以其知之所知以养其知之所不知，终其天年而不中道夭者，是知之盛也③。虽然，有患④：夫知有所待而后当⑤，其所待者特未定也⑥。庸讵知吾所谓天之非人乎？所谓人之非天乎？且有真人而后有真知。

【译文】

　　能够明白自然大道的运化之理，明白人的作为，就达到认识的极致了。能够明白自然大道的运化之理，是顺应自然道理而知；明白人的作为，是用其智力所能知道的道理，去顺其智力所不能知道的，直到享尽天年而不半道夭折，这就是认识的最高境界了。虽然这样，其中还是有病患存在。正确的认识必须依赖于一定的条件才能获得，而这个条件却是变化不定的。何以知道我所说出于自然不是人为的呢？我所说的人为不是出于自然呢？先有"真人"，然后才有真知。

【原文】

　　何谓真人？古之真人，不逆寡①，不雄成②，不谟士③。若然者，过而弗悔，当而不自得也。若然者，登高不栗，入水不濡，入火不热，是知之能登假于道者也若此④。

【译文】

　　什么样的人才叫"真人"呢？古时候的"真人"，不拒绝薄

【注释】

①所为：作用。
②天而生：自然而产生。意则毫无人为的痕迹。
③以其三句中"知之"的"知"字都通"智"。
④有患：有问题。
⑤所待：所依赖的，指知识所反映的对象。当：得当。
⑥未定：因为事物的真相不易认识，故未可确定。

【注释】

①逆：违逆。寡：失。
②不雄成：不以成功逞雄。
③谟(mó)：谋。士：假借为事。不谟士：不对任何事情有所考虑。
④登假：升至，达到。

德无智慧的愚人，不以身先人成功，无心于事而虚己遨游。像这样的人，虽有差失而无懊悔，虽合时宜而不快意。像这样的人，登攀高处不惧怕，潜入水底不沾湿，走到火中不感到炽热，这只有认识能够达到大道的境界才能如此。

【原文】

古之真人，其寝不梦，其觉无忧，其食不甘①，其息深深。真人之息以踵②，众人之息以喉。屈服者，其嗌言若哇③。其耆欲深者，其天机浅④。

【译文】

古时候的"真人"，睡觉不会做梦，睡醒毫无忧愁，不甘于味，气息深沉。"真人"用脚跟呼吸，众人用喉咙呼吸。在辩论中被人屈服的人，言语塞在喉咙里像是在呕吐一样。那些嗜欲深重的人，他们天生的机智低下。

【注释】

①不甘：不求美味。

②以踵：气功中有踵息法，要求把气运到脚跟（经涌泉穴），不同于平常那样呼吸。

③屈服者：指辩论中被人所屈服的人。嗌（ài）：咽喉窒塞。

④天机：指天然的本能。

【原文】

古之真人，不知说生①，不知恶死。其出不䜣，其入不距②。翛然而往③，翛然而来而已矣。不忘其所始，不求其所终。受而喜之，忘而复之④。是之谓不以心捐道，不以人助天，是之谓真人。若然者，其心志⑤，其容寂⑥，其颡頯⑦。凄然似秋，暖然似春⑧，喜怒通四时，与物有宜而莫知其极⑨。故圣人之用兵也，亡国而不失人心。利泽施乎万世，不为爱人。故乐通物⑩，非圣人也；有亲，非仁也；天时，非贤也；利害不通⑪，非君子也；行名失己⑫，非士也；亡身不真，非役人也⑬。若狐不偕、务光、伯夷、叔齐、箕子、胥余、纪他、申徒狄，是役人之役，适人之适，而不自适其适者也。

【注释】

①说生：以生为可喜。

②䜣（xīn）：同欣，欢喜。不距：意即顺受。

③翛（xiāo）然：自由自在的样子。

④忘：失。指生命的亡失。复之：复归于天道。以上反复说明的都是生死的问题。

⑤志：是指心意安于天道。

⑥容：容貌。寂：静。

⑦颡(sǎng):额。頯(qiú):中部宽广两边显角的样子。

⑧凄然:严肃的样子。暖然:温和的样子。似秋、似春,都是一种比喻,说明合乎自然。

⑨有宜:能相配合。

⑩乐通物:乐与外物交往,取悦于人。

⑪利害不通:不把利与害看做相通为一。

⑫行名:趋步于名声。失己:指丧失自己的天性。

⑬亡身不真:死亡而失于自然。役人:劳动者。

【注释】

①其状:指真人的情态。

②承:接受。

③觚(gū):棱角。

④张:广大的样子。

⑤邴(bǐng)邴:焕发的样子。

⑥崔崔:运动的样子。

⑦滀(chù):颜色和泽的样子。

⑧世:古与太通。

【译文】

古时候的"真人",不知道对生存感到欣喜,不知道厌恶死亡;不贪生,不怕死;无拘无束地来到人世,又无拘无束地回归自然。不忘记生命之源,守而不失;不寻求归宿,而一任自然;受生之后常自得,忘其死而复归于自然。这就叫做不以欲心弃自然之道,不以人为助天命之常。能够这样,就可以叫做"真人"。像此等人,他们专心于道,容貌寂然淡漠安闲,额头广大宽平。他们表情严峻,像肃杀的秋气;令人可亲可爱,又像春天那样和煦温暖;喜怒无常,像四季自然变化,随时合宜,无迹可寻。所以,圣人用兵,虽然攻破敌国却不会招来怨恨。纵然施恩万世,原非有意爱人。所以说,有心乐于与外界相交往,并非是圣人。有心私爱,并非大仁。揣度以求合于天时,不是贤人。不能等同利害,并非是君子。伪行虚名而无实,并非贤士。自失真性,不能役使世人。像狐不偕、务光、伯夷、叔齐、箕子、胥馀、纪他、申徒狄等人,都是些为人使用、使人安适,而不知自寻快乐的人。

【原文】

古之真人,其状义而不朋①,若不足而不承②;与乎其觚而不坚也③,张乎其虚而不华也④;邴邴乎其似喜也⑤,崔崔乎其不得已也⑥,滀乎进我色也⑦,与乎止我德也,广乎其似世也⑧,謷乎其未可制也,连乎其似好闭也,悗乎忘其言也⑨。以刑为体,以礼为翼,以知为时⑩,以德为循⑪。以刑为体者,绰乎其杀也⑫,以礼为翼者,所以行于世也;以知为时者,不得已于事也;以德为循者,言其与有足者至于丘也,而人真以为勤行者也。故其好之也一,其弗好之也一。其一也一,其不一也一。其一与天为徒,其不一与人为徒,天与人不相胜也⑬,是之谓真人。

【译文】

古时候的"真人",形象高大而不崩坏,好像不足而又无以承受;安闲超群而不固执,心胸宽广清虚而并不浮华,畅然和适,似有喜色,不得已而后动,容颜和悦的样子令人可亲,宽厚之德使我归止,胸襟恢弘而阔大无涯,高放自得而不可驾驭,绵邈深长好像是闭口缄默,不经心的样子好像忘其言谈。用刑律作为主体,用礼仪作为辅助,用智慧审时度势,以坚持高尚道德作为处世所遵循的原则。用刑律作为主体的目的,在于以杀止杀,杀一儆万,虽然杀也让人觉得宽大;用礼仪作为辅助的目的,在于让礼仪普及世上;用智慧审时度势的目的,是出于无奈而应付世事;以坚持高尚道德作为处世所遵循的原则的目的,在于想把那些有识之士都引导至很高的境界,世人真的以为"真人"在勤于修行呢!所以,"真人"无心好恶,好与恶都是同一心境。"真人"抱一,一样与不一样都是相同的。"真人"处于混同心境时,则与自然天道同游;处于差别境界时,则与世人混迹。天人合德,两不相胜,这就叫做"真人"。

【原文】

死生,命也;其有夜旦之常①,天地。人之有所不得与②,皆物之情也。彼特以天为父③,而身犹爱之,而况其卓乎④!人特以有君为愈乎己,而身犹死之,而况其真乎⑤!

【译文】

生与死,是不可避免的生命活动;它好像昼夜的不停运行,是自然的规律。人是无法干预的,这都符合事物变化之情理。人皆以"天"为生父,而且爱戴它,何况对卓然独化的大道呢!世人认为国君的才智、地位超过自己,应为其效忠而捐身,何况对待无与伦比的真人(道)呢!

⑨悗(mèn):无心的样子。
⑩为时:适应时变。
⑪循:依据。
⑫绰(chuò):宽广的样子。天地间一切生物的衰败死亡都是由于天道的肃杀,故说"绰乎其杀"。
⑬相胜:相侵犯,相抵触。

【注释】

①夜旦:日夜。常:永恒的现象。
②与:参与,干预。
③彼:指人。
④卓:卓越。其卓:那卓越、伟大的,指天道。
⑤真:真宰。

【注释】

①涸(hé):水干。
②呴(xū):吐气。相呴以湿:用湿气互相呼吸。
③相濡以沫:用口沫来互相沾湿。
④相忘:相互忘掉。

【原文】

泉涸①,鱼相与处于陆,相呴以湿②,相濡以沫③,不如相忘于江湖④。与其誉尧而非桀也,不如两忘而化其道。

【译文】

泉水枯竭了,鱼相互挤在陆地上,用呼吸的湿气相互滋润,用唾沫相互沾湿,不如在江湖里彼此相忘。与其赞誉尧而非议桀,不如把他们都忘掉而与道化而为一。

【注释】

①大块:天地,亦即自然。
②善吾生:以我生为乐事。善吾死:以我死为乐事。
③大情:基本性质。
④犯:借为范。范:冶铸模型。用作动词,引申为铸造。
⑤未始:未曾。
⑥为乐:得到的快乐。
⑦妖:应是"夭"之通假字,夭与老是反义相对。

【原文】

夫大块载我以形①,劳我以生,佚我以老,息我以死。故善吾生者,乃所以善吾死也②。夫藏舟于壑,藏山于泽,谓之固矣!然而夜半有力者负之而走,昧者不知也。藏小大有宜,犹有所遯。若夫藏天下于天下而不得所遯,是恒物之大情也③。特犯人之形而犹喜之④。若人之形者,万化而未始有极也⑤,其为乐可胜计邪⑥?故圣人将游于物之所不得遯而皆存。善妖善老⑦,善始善终,人犹效之,又况万物之所系而一化之所待乎!

【译文】

大地用形体托载着我,用生长来使我勤劳,用衰老来使我闲逸,用死亡来使我安息。所以,把我的出生视为好事,就应该把我的死亡也视为好事。把船隐藏在山谷中,把渔具隐藏在大泽中,可以说是很可靠的了。然而,半夜有个大力士把它背走,睡着的人是不会知道的。将小东西隐藏在大东西里,是非常适宜的,然而还有亡失。假如把天下隐藏在天下中是不会亡失的,这是万物普遍的至理。人们一旦被大自然铸成人形就欣喜若狂。但人的形体,千变万化是不曾有穷尽的,因有形体而欣喜,欣喜的事哪里能计算清楚呢?所以,圣人游心于无得无丧,与道共存的自然。对待能够明白寿命长短和生死的人，人们尚且效法他，又何况对待万物的宗师、千变万化所依赖的大道呢！

【原文】

夫道有情有信①，无为无形；可传而不可受，可得而不可见；自本自根②，未有天地，自古以固存；神鬼神帝③，生天生地；在太极之先而不为高④，在六极之下而不为深⑤，先天地生而不为久，长于上古而不为老。狶韦氏得之⑥，以挈天地；伏羲氏得之，以袭气母；维斗得之⑦，终古不忒；日月得之，终古不息⑧；堪坏得之⑨，以袭昆仑；冯夷得之，以游大川；肩吾得之，以处大山；黄帝得之，以登云天⑩；颛顼得之⑪，以处玄宫；禺强得之⑫，立乎北极；西王母得之，坐乎少广，莫知其始，莫知其终；彭祖得之，上及有虞，下及五伯；傅说得之，以相武丁，奄有天下，乘东维、骑箕尾而比于列星。

【译文】

大道是真实的存在，无所作为，没有形态；可以神悟而不可口授，可以心得而不可目见；自生自长，不以他物为根本，未有天地之前，自古以来本来就存在着；变化莫测，能产生天地；它在太极之上并不算高，在六合之下并不算深，先于天地即产生并不算长久，早于上古并不算衰老。狶韦氏得到大道，就用来整顿乾坤；伏羲氏得到大道，就用来调和元气；北斗星得到大道，永远不会改变方位；日月得到大道，永远运行不止；堪坏得到大道，就作昆仑山的主人；冯夷得到大道，就去遨游黄河；肩吾得到大道，就驻守泰山；黄帝得到大道，就登天成仙；颛顼得到大道，就居住玄宫；禺强得到大道，就自立为北海之神；西王母得到大道，就常在西极的少广山中，不知道有生死变化；彭祖得到大道，从上古虞舜时代活到五霸时代；傅说得到大道，就做殷高

【注释】

①情：实。信：真。有情有信，说明是客观存在的。

②自本自根：自为根本。

③神鬼神帝：能使鬼和上帝变得神灵。这个上帝指天帝。

④太极：最大的极限。

⑤六极：天地四方、上下的极限。

⑥狶（xī）韦氏：传说中远古的帝王。

⑦维斗：北斗。

⑧息：停息。

⑨堪坏（pēi）：昆仑山神。

⑩登云天：传说轩辕黄帝在首山采铜，在荆山铸鼎。

⑪颛顼（zhuānxū）：又称高阳氏，古代五帝之一，为北方帝。

⑫禺强：水神，居住在北方。一说是北海神。

宗武丁的相国，而统治天下，驾驭东维、箕尾星，并列于列星之中。

【注释】

①色：神色。孺子：小孩。

②子非其人：你不是属于能学道的那种人。

③庶几：疑惑之词，犹或许。

④守：坚持。

⑤外物：把周围的东西置之度外。

⑥彻：通。朝彻：一旦豁然贯通。

⑦见独：见常人所不见，别开境界。

⑧无古今：把古今看做没有区别。

⑨不死不生：无所谓死，无所谓生。

⑩其为(wèi)物：他对于万物。将：送。

⑪毁：破坏。

⑫撄(yīng)：触犯，干扰。撄宁：虽受干扰而宁静自如。

【原文】

南伯子葵问乎女偊曰："子之年长矣，而色若孺子①，何也？"曰："吾闻道矣。"南伯子葵曰："道可得学邪？"曰："恶！恶可！子非其人也②。夫卜梁倚有圣人之才而无圣人之道，我有圣人之道而无圣人之才。吾欲以教之，庶几其果为圣人乎③？不然，以圣人之道告圣人之才，亦易矣。吾犹守而告之④，参日而后能外天下；已外天下矣，吾又守之，七日而后能外物⑤，已外物矣，吾又守之，九日而后能外生；已外生矣，而后能朝彻⑥；朝彻而后能见独⑦；见独而后能无古今⑧；无古今而后能入于不死不生⑨。杀生者不死，生生者不生。其为物无不将也⑩，无不迎也，无不毁也⑪，无不成也。其名为撄宁⑫。撄宁也者，撄而后成者也。"

【译文】

南伯子葵问女偊说："你的年岁已经大了，而容颜却像童子，这是什么原因呢？"女偊回答道："我得道了。"南伯子葵说："道可以学习吗？"女偊说："唉！怎么可以学呢！你不是能学道的人。卜梁倚有圣人的天资却没有圣人虚心散淡的心境，我有圣人虚心散淡的心境而却没有圣人的天资。我想用虚心散淡来教诲他，差不多他果真能够成为圣人吧？道不易学，用圣人之道，去传授圣人之才，那就容易了。我还是有保留地把大道传授给他，三日之后他就能遗忘天下；他既已遗忘天下，我又有保留地把大道传授给他，七日之后他能遗忘万物；他既已遗忘万物，我又有保留地将大道传授给他，九日之后他能忘掉自身；他既已遗忘自身，而后他便能够明彻；他能够明彻，而后就能够体悟大道；他能体悟大道，而后他就能超越古今的时空界限；他能超越古今，而后他才能达到没有生死的最高境界。死者未曾灭，生者未曾生。大道作为万物之宗，无所不送，无所不迎，无所不毁，无所不成。这就叫做'撄宁'。所谓'撄宁'，就是说虽置身纷纭扰动、交争互触之地，而后才能修炼成虚寂宁静的心境。"

【原文】

南伯子葵曰："子独恶乎闻之？"曰："闻诸副墨之子①，副墨之子闻诸洛诵之孙②，洛诵之孙闻之瞻明③，瞻明闻之聂许，聂许闻之需役，需役闻之於讴，於讴闻之玄冥，玄冥闻之参寥，参寥闻之疑始④。"

【译文】

南伯子葵问道："你是从什么地方学的道？"女偊说："我是从副墨的儿子那里学到的，副墨的儿子是从洛诵的孙子那里学到的，洛诵的孙子是从瞻明那里学到的，瞻明是从聂许那里学到的，聂许是从需役那里学到的，需役是从於讴那里学到的，於讴是从玄冥那里学到的，玄冥是从参寥那里学到的，参寥是从疑始那里学到的。"

【注释】

①副墨之子：比喻书册。以下八人都是按意思假设的名字。
②洛诵之孙：意指传诵。
③瞻（zhān）明：所见。
④疑始：疑测天地万物的起源。这是哲学家首先要解答的基本问题。

【原文】

子祀、子舆、子犁、子来四人相与语曰①："孰能以无为首②，以生为脊，以死为尻；孰知死生存亡之一体者，吾与之友矣！"四人相视而笑，莫逆于心③，遂相与为友。俄而子舆有病，子祀往问之。曰："伟哉④，夫造物者将以予为此拘拘也⑤。"曲偻发背⑥，上有五管，颐隐于齐，肩高于顶，句赘指天⑦，阴阳之气有沴⑧，其心闲而无事⑨，跰𨇤而鉴于井⑩，曰："嗟乎！夫造物者又将以予为此拘拘也。"

【注释】

①子祀句：四人无可考，疑亦假设人名。
②孰：谁。
③莫逆于心：都觉得顺心。
④伟哉：伟大啊！赞叹造物者之辞。
⑤拘拘：拘挛不直的样子。

⑥ 曲偻（lóu）：鸡胸驼背。发背：背曲向上突露。
⑦ 句赘（gōuzhuì）：颈椎。句赘指天：头下垂，颈椎则向上。
⑧ 沴（lì）：因气不和顺而引起灾害。这里形容阴阳之气错乱不调。
⑨ 无事：若无其事。
⑩ 跰𨇤（piánxiān）：犹蹒跚，行步倾跌不稳的样子。

【注释】

① 恶：厌恶。
② 亡：无，指没有厌恶。
③ 浸假：渐至。时夜：司夜，指鸡啼报晓。
④ 鸮（xiāo）炙：鸮鸟的烤肉。
⑤ 更：再求。驾：车乘。
⑥ 物有结之：被外物（包括人事）所束缚、缠绕。

【译文】

子祀、子舆、子犁、子来四个人在一起相互交谈说："谁能以无为头，以生为脊骨，以死为尾骨；谁能知道生死存亡浑然一体的道理，我就和他交朋友。"他们都会心地相视而笑，彼此心意相通，无所违背。于是，他们就相互结交为朋友。不久，子舆生了病，子祀去看望他。子舆说："真伟大啊！造物者把我变成如此曲挛不伸的样！"子舆驼背，背上生疮，五脏朝天，面颊陷在肚脐里，两肩高于头顶，发髻向上竖起。阴阳二气乖戾不调，他仍能闲逸自适，并不把形体的残废放在心里。他步履艰难地走到井边，对着井水照自己，惊奇地说："哎呀！造物者又把我变成如此曲挛不伸的丑态。"

【原文】

子祀曰："女恶之乎①？"曰："亡②，予何恶！浸假而化予之左臂以为鸡，予因以求时夜③；浸假而化予之右臂以为弹，予因以求鸮炙④；浸假而化予之尻以为轮，以神为马，予因以乘之，岂更驾哉⑤！且夫得者，时也；失者，顺也。安时而处顺，哀乐不能入也，此古之所谓县解也，而不能自解者，物有结之⑥。且夫物不胜天久矣，吾又何恶焉！"

【译文】

子祀说："你厌恶这种变化吗？"子舆说："不，我哪里厌恶呢！造物者使我的左臂逐渐地变成公鸡，我便用它来报晓；造物者使我的右臂逐渐变成弹丸，我便用它打下鸮鸟烤肉吃；造物者使我的臀部逐渐变成车轮，把我的精神变成骏马，我就把它当做马车来乘坐，难道还需要更换车驾吗？我生下来，是应时而生；我死去，是顺时而去。安于天时而顺应自然的发展，悲哀和欢乐都不能侵入内心，这就是古人所说的解脱倒悬的痛苦，而不能自我解脱,这都是因为受到阴阳之气的束缚。人不能战胜自然的变化已经很久了,我又怎么能厌恶自己的变化呢!"

【原文】

俄而子来有病。喘喘然将死①。其妻子环而泣之。子犁往问之,曰:"叱!避!无怛化②!"倚其户与之语曰:"伟哉造化!又将奚以汝为③?将奚以汝适④?以汝为鼠肝乎?以汝为虫臂乎?"子来曰:"父母于子,东西南北,唯命之从,阴阳于人,不翅于父母⑤。彼近吾死而我不听,我则悍矣⑥,彼何罪焉⑦?夫大块载我以形,劳我以生,佚我以老,息我以死。故善吾生者,乃所以善吾死也。今大冶铸金⑧,金踊跃曰⑨:'我且必为镆铘⑩!'大冶必以为不祥之金。今一犯人之形而曰:'人耳⑪!人耳!'夫造化者必以为不祥之人⑫。今一以天地为大炉,以造化为大冶,恶乎往而不可哉⑬!"成然寐,蘧然觉⑭。

【注释】

①喘喘然:气喘的样子。
②怛(dá):惊恐。无怛化:无须惊恐于生死的变化。
③将奚以汝为:要把你变为何物。奚:何。
④将奚以汝适:要把你引到何处。
⑤不翅:何止,岂但。
⑥悍:凶顽不顺。
⑦彼何罪焉:它有什么过错呢?
⑧冶:铁匠。铸:铸造。金:铁器。古代称为恶金或黑金。
⑨踊跃:跳起来。
⑩镆铘:宝剑名。
⑪人耳:我是人了。
⑫造化者:造化万物的,犹说创世主。
⑬恶乎句:意即任大冶安排、铸造。生也好,死也好,只不过像各种铁器那样形状不同罢了。
⑭成然寐:熟睡。蘧然:自得的样子。

【译文】

不久,子来生了病,气息急促地将要死去。他的妻子和儿女围绕在身边哭泣。子犁去看望他,说:"别哭!退避开!不要惊动他的变化!"子犁靠倚门框与子来说话:"造物者真伟大啊!又将把你变成何物?将把你变到何处去?将把你变成鼠肝吗?将把你变成虫臂吗?"子来说:"子女对于父母,无论东西南北,都要听从父母吩咐。人对于自然变化,无异于父母。造物者让我死掉,我若不从命,我就违背不顺了,造物者有什么错?大地托载我的形体,用生长来勤劳我,用衰老来闲逸我,用死亡来安息我。所以,把我的生长看做好事,就应该把我的死亡也看做好事。现在冶金工匠把金属冶铸成器皿,金属跳跃起来说:'我一定要成为良剑镆铘!'冶金工匠一定会认为它是不吉祥的金属。现在造物者一旦把人铸成人的形体,而人便叫喊说:'人呀!人呀！'造物者一定会认为他是不吉祥的人。现在一旦把天地当做冶炼的大熔炉，把造物者当做冶炼工匠，天地万物俱在造物者的钧陶之中，何往而不可呢！"子来说完话，便安然而睡，像是死去；又忽然而醒，像是重生。

【注释】

①相与友：相交为朋友。
②相与于无相与：相交在无所谓相交的关系中。
③为(wèi)：帮助。
④挠挑：挠、桡义通。挑与挠亦意同。
⑤相忘以生：互相把生命忘却。

【原文】

　　子桑户、孟子反、子琴张三人相与友①，曰："孰能相与于无相与②，相为于无相为③？孰能登天游雾，挠挑无极④，相忘以生⑤，无所终穷？"三人相视而笑，莫逆于心。遂相与为友。

【译文】

　　子桑户、孟子反、子琴张三人相互结交为朋友，他们说："谁能在无心中相交，在无迹中相助呢？谁能登天绝尘、徘徊于太虚，相忘有生，与道游于无穷之境呢？"他们都会心地相视而笑，彼此心意相通，无所违背。于是他们就相互结交为朋友。

【注释】

①莫然：平静无事的样子。
②侍事：指助理丧事。
③编曲：编作曲辞。
④嗟来：表感叹的词。
⑤反其真：返归大道，指死亡。
⑥猗(yī)：句尾助词。
⑦敢问：请问。临尸：对着尸体。礼乎：合礼吗？
⑧二人：指孟子反、子琴张。

【原文】

　　莫然有间①，而子桑户死，未葬。孔子闻之，使子贡往侍事焉②。或编曲③，或鼓琴，相和而歌曰："嗟来桑户乎④！嗟来桑户乎！而已反其真⑤，而我犹为人猗⑥！"子贡趋而进曰："敢问临尸而歌，礼乎⑦？"二人相视而笑曰⑧："是恶知礼意！"子贡反，以告孔子曰："彼何人者邪？修行无有而外其形骸⑨，临尸而歌，颜色不变⑩，无以命之⑪。彼何人者邪？"孔子曰："彼游方之外者也，而丘游方之内者也。外内不相及，而丘使女往吊之，丘则陋矣！彼方且与造物者为人⑫，而游乎天地之一气。彼以生为附赘县疣⑬，以死为决疣溃痈⑭。夫若然者，又恶知死生先后之所在！假于异物，托于同体；忘其肝胆，遗其耳目；反复终始，不知端倪；芒然彷徨乎尘垢之外⑮，逍遥乎无为之业，彼又恶能愦愦然为世俗之礼⑯，以观众人之耳目哉⑰！"

【译文】

他们淡漠相交不久，子桑户死去，尚未埋葬。孔子听到子桑户死去的噩耗，便派子贡前去吊唁和帮助治丧。子琴张和孟子反，一个编撰词曲，一个弹琴，相互应和而歌唱，他们说："哎呀，桑户啊！哎呀，桑户啊！你已经反归大道，我们尚且为人啊！"子贡快步走到他们跟前说："请问对着死人的尸体而唱歌，合乎礼仪吗？"子琴张和孟子反相互看看而笑说："你们这种人哪里会懂礼的真正含义呢！"子贡回去，把所见所闻告诉孔子说："他们都是何等人呢！他们没有德行修养，而把形骸置之度外，对着尸体歌唱，全无哀戚之容，不知该称他们为何等人。他们究竟是什么样的人呢？"孔子说："他们都是超脱凡俗，逍遥于世外的人；我孔丘只是生活在礼仪法度的国度里。世外之人和世内之人彼此不相干，我派你去吊唁子桑户，我是何等鄙陋啊！他们正在与造物者结成伴侣，而与大道浑然为一体。他们把人的生命看做附生在人身的多余瘤瘤，把人的死亡看做皮肤上的脓疮溃破。像他们这样的人，又哪里知道有死生先后的存在呢！假借于不同物体，而共成一身；忘掉身上的肝胆，忘掉身上的耳目；从生到死，循环往复，不见头绪；茫然无所系累地逍遥于世外，彷徨于无为寂寞之荒野。他们又怎么能烦乱地去做世俗的礼仪，让众人听闻和观看呢！"

【原文】

子贡曰："然则夫子何方之依①？"孔子曰："丘，天之戮民也②。虽然，吾与汝共之③。"子贡曰："敢问其方④？"孔子曰："鱼相造乎水⑤，人相造乎道。相造乎水者，穿池而养给；相造乎道者，无事而生定。故曰：鱼相忘乎江湖，人相忘乎道术。"

【注释】

⑨修行无有：信仰、实践虚无之道。外其形骸：把他们的身体置之度外。

⑩颜色不变：面不改容。指没有一点悲伤的表情。

⑪无以命之：无法形容。犹今说莫名其妙。

⑫方且：正要。

⑬附赘（zhuì）：附属在身体上多生的肉块。

⑭疣（huàn）、痈（yōng）：都是毒疮之类。

⑮尘垢：指现实世界，犹尘世。

⑯愦（kuì）愦然：昏乱、糊涂的样子。世俗之礼：指儒家的礼。

⑰观：这里是被动用法。示人，给人看。

①何方：指问方之内还是方之外。依：从，选择。

②戮（lù）：刑戮。天之戮民：受天所惩罚的人。

子贡曰:"敢问畸人⑥。"曰:"畸人者,畸于人而侔于天⑦。故曰:天之小人,人之君子;人之君子,天之小人也。"

【译文】

子贡说:"那么,先生将依从方外还是依从方内呢?"孔子说:"我孔丘,是天施给刑罚的人。虽然,我未能超脱,我还是与你共游方外。"子贡说:"请问用什么方法呢?"孔子说:"鱼相生于水,人相生于道。相生于水的鱼,掘地成池而供养丰足;相生于道的人,彷徨无为而心性平定。所以说:鱼相忘在江湖中,人相忘在大道里。"子贡说:"请问什么叫不同于世俗的方外之人?"孔子说:"不同于世俗的方外之人,不同于世人却与大自然相合。所以说:大自然的小人,便是人世间的君子;人世间的君子,即是大自然的小人。"

【原文】

颜回问仲尼曰:"孟孙才,其母死,哭泣无涕,中心不戚①,居丧不哀。无是三者②,以善处丧盖鲁国③,固有无其实而得其名者乎?回壹怪之。"仲尼曰:"夫孟孙氏尽之矣④,进于知矣⑤,唯简之而不得⑥,夫已有所简矣⑦。孟孙氏不知所以生,不知所以死。不知就先⑧,不知就后。若化为物,以待其所不知之化已乎。且方将化,恶知不化哉?方将不化,恶知已化哉?吾特与汝,其梦未始觉者邪!且彼有骇形而无损心⑨,有旦宅而无情死。孟孙氏特觉,人哭亦哭,是自其所以乃。且也相与'吾之'耳矣,庸讵知吾所谓'吾之'乎?且汝梦为鸟而厉乎天⑩,梦为鱼而没于渊⑪。不识今之言者⑫,其觉者乎⑬?其梦者乎?造适不及笑,献笑不及排,安排而去化⑭,乃入于寥天一⑮。"

【注释】

③共:通"拱",向。共之:指向往方外。

④方:方法。指游乎方之外的方法。

⑤造:至。这句以鱼得水比喻人得道。

⑥畸(jī):不正常。

⑦侔(móu):齐。侔于天:与天齐一。

【注释】

①戚:忧伤。

②三者:即上三句所说的。

③以:认为。善处丧:善于守丧。

④尽之:做得彻底。

⑤进于知:超过了所谓懂得丧礼的人。

⑥唯简之而不得:想简化了它而办不到。

⑦夫已句:指孟孙才居丧。

⑧就:趋近,追求。

【译文】

颜回请教孔子说:"孟孙才母亲死了,他哭泣的时候没有掉眼泪,心中不悲伤,守丧期间不哀痛。没有这三者,竟能以善于处理丧事而名扬鲁国,难道真有无其实而有其名的人吗?我颜回感到很奇怪。"孔子说:"孟孙才已经尽到处丧之礼了,并且是超过知道服丧礼仪的人,他想简化办丧礼仪却办不到,而他实际上已有所简化了。孟孙才不知人为何而生,不知人为何而死。他不知求先生,不知寻后死。他像是正在变成一物,他在等待自己不知道将要变成何物的变化!况且正要变化时,又如何知道不变化呢?正在不变化时,又如何知道已经变化了呢?只是我和你,正在做梦而没有睡醒呢!孟孙才认为他母亲在变化中虽有形体之动,其心并无损耗;虽有惊扰,而并无精神之丧。孟孙才独自觉醒,别人哭泣,他也跟着哭泣,所以才如此哭泣而不哀切。世人看到自己暂时有了身形,就相互说'这是我';怎么知道暂时有身形的'我',就是属于'我'呢?你做梦变成鸟就想飞向天空,做梦变成鱼就想潜入水中。不知道现在说话的我,是在醒悟呢?还是在做梦呢?人的内心忽然快适时,是来不及笑的;笑声突然发出时,又来不及安排是否妥当;只有任凭大道安排而由其无穷变化,进入虚空寂寥的自然境界,而与大道混为一体。"

【原文】

意而子见许由①,许由曰:"尧何以资汝②?"意而子曰:"尧谓我:汝必躬服仁义而明言是非③。"许由曰:"而奚来为轵?夫尧既已黥汝以仁义④,而劓汝以是非矣⑤。汝将何以游夫遥荡恣睢转徙之涂乎?"

【注释】

⑨彼:指孟孙氏。骇(hài):惊动。
⑩厉:奋飞。
⑪没:深入水中。
⑫不识:不知。今之言者:孔子自指。
⑬其:其为。
⑭安排:安于自然的安排。去化:随行变化。句谓安于自然的安排而随行变化。
⑮乃入句:于是就进入了与寥廓无涯的天道同一的境界。

【注释】

①意而子:人名,其事迹不详。
②资:帮助,此为指教。
③躬服:身体力行,亲身实践。

【译文】

意而子去拜见许由,许由问他说:"尧用什么来教诲你?"意而子说:"尧对我说,你必须亲身实践仁义而明辨是非。"许由说:"你为何而来呢?你已经受到尧给予的仁义和是非的毒害,你将怎样遨游于逍遥自在的变化境界呢?"

【原文】

意而子曰:"虽然,吾愿游于其藩①。"许由曰:"不然。夫盲者无以与乎眉目颜色之好②,瞽者无以与乎青黄黼黻之观③。"意而子曰:"夫无庄之失其美④,据梁之失其力⑤,黄帝之亡其知,皆在炉捶之间耳⑥。庸讵知夫造物者之不息我黥而补我劓,使我乘成以随先生邪⑦?"许由曰:"噫!未可知也⑧。我为汝言其大略:吾师乎!吾师乎!齑万物而不为义,泽及万世而不为仁,长于上古而不为老,覆载天地、刻雕众形而不为巧。此所游已!"

【注释】

①藩(fān):领域,境界。
②与:参与,指参与欣赏。下句同。
③瞽(gǔ):瞎。黼黻(fǔfú):古时礼服上绣的花纹。观:华丽。
④无庄:古代美人。
⑤据梁:古大力士。
⑥捶:一本作锤。炉、捶,都是冶炼工具。这里指天然的锻炼。
⑦乘成:载着完全的形体。意而子上述所说的,意在表示悔过自新。
⑧未可知:指造物者是否如意而子所希望的那样而言。

④黥(qíng):古时用刀刺刻在犯人的额颊等处,然后涂上墨的一种刑罚。
⑤劓(yì):古时割鼻子的刑罚。

【译文】

意而子说:"虽然我不能进入大道的境界,我却希冀游其藩篱。"许由说:"不能这样说。瞎子无法欣赏眉目姣好的面容,瞽者无法欣赏礼服上青黄色的华丽花纹。"意而子说:"无庄失去她美丽的容颜,据梁失去他的力气,黄帝失去他的智慧,都是造物者冶炼锻打而成。怎么知道造物者不养好我被割裂的皮肉、补齐我被割裂的鼻子,使我乘着浑全大道以随先生呢?"许由说:"哎!不知道造物者是否能满足你的愿望。我给你讲个大概吧:我的宗师啊!我的宗师啊!调和万物,并不认为是行义;施恩泽于万代黎民,并不认为是仁慈;长于上古不算老;覆天载地、雕刻众物之形,并不能算作技巧。这就是我逍遥大道的境界。"

【原文】

颜回曰:"回益矣①。"仲尼曰:"何谓也?"曰:"回忘仁义矣。"曰:"可矣②,犹未也。"他日复见,曰:"回益矣。"曰:"何谓也?"曰:"回忘礼乐矣!"曰:"可矣,犹未也。"他日复见,曰:"回益矣!"曰:"何谓也?"曰:"回坐忘矣③。"仲尼蹴然曰④:"何谓坐忘?"颜回曰:"堕肢体⑤,黜聪明⑥,离形去知⑦,同于大通⑧,此谓坐忘。"仲尼曰:"同则无好也,化则无常也。而果其贤乎!丘也请从而后也⑨。"

【注释】

① 益:进步。说明经过一个时期的修养之后有所进步。
② 可矣:对了。
③ 坐忘:静坐而心亡。
④ 蹴(cù)然:神态突然变化的样子。
⑤ 堕(huī):通"隳",废。堕肢体:把肢体看做不存在。
⑥ 黜(chù):废除。黜聪明:把聪明才智抛弃掉。
⑦ 离形:离析肢体。去知:除去心智。
⑧ 大通:大道。
⑨ 请从而后:愿步后尘。

【译文】

颜回说:"我有进步了。"孔子说:"你的进步是指什么而说呢?"颜回说:"我已经忘掉仁义了。"孔子说:"忘掉仁义,有可能入道,然而还是没有进入大道。"过了几天,颜回又去拜见孔子,说:"我又有进步了。"孔子说:"你的进步又是指什么而说呢?"颜回说:"我已经忘掉礼乐了。"孔子说:"忘掉礼乐,有可能入道,然而还是没有进入大道。"过了几天,颜回又去拜见孔子,说:"我又有进步了。"孔子说:"你的进步又是指什么而说呢?"颜回说:"我静坐而忘掉一切了。"孔子惊奇而变容地说:"什么叫做静坐而忘掉一切呢?"颜回说:"毁废形体,泯灭见闻,形智皆弃,与大道浑然一体,这就叫做静坐而忘掉一切。"孔子说:"与大道浑同则无偏好,顺应大道的变化就不会滞守常理。你果真成为贤人了啊!我孔丘也就向你学习而步你后尘了。"

【原文】

子舆与子桑友。而霖雨十日①,子舆曰:"子桑殆病矣②!"裹饭而往食之③。至子桑之门,则若歌若哭④,鼓琴曰:"父邪!母邪!天乎!人乎!"有不任其声而趋举其诗焉⑤。子舆入,曰:"子之歌诗,何故若是?"曰:"吾思夫使我至此极者而弗得也⑥。

【注释】

① 霖:久雨。霖雨,连绵大雨。
② 殆:大概。病:指饥饿。
③ 食(sì):拿食物给人吃。

④若歌若哭：指子桑。

⑤不任其声：他的声音已不胜任，意即声嘶力竭了。趋：急促，举：引起。趋举其诗：急促地唱起他的诗句。

⑥极：绝境。

父母岂欲吾贫哉？天无私覆，地无私载，天地岂私贫我哉？求其为之者而不得也！然而至此极者，命也夫！"

【译文】

　　子舆和子桑是朋友。连绵不断的雨下了十天，子舆说："大概子桑饿坏了吧！"就包着饭去给他吃。来到子桑门前，就听见子桑好像是在唱歌，又好像是在哭泣，弹着琴唱着："使自己贫困的是父亲、母亲，还是天地和人呢？"声音微弱表达不出来而急促地吟着诗句。子舆走到他的屋子里，问他说："你吟唱诗歌，为何如此不成音韵？"子桑说："我在思索使我这样贫困的是谁，却找不到答案。父母难道想使我这样贫困吗？苍天并无偏私地覆盖着大地，大地也并无偏私地托载着生灵，天地难道偏要我贫困吗？我寻找使我这样贫困的人而却寻找不到。然而，使我至此十分贫困的境地，大概是大道吧！"

应 帝 王

【原文】

　　啮缺问于王倪,四问而四不知。啮缺因跃而大喜①,行以告蒲衣子。蒲衣子曰:"而乃今知之乎?有虞氏不及泰氏②。有虞氏其犹藏仁以要人③,亦得人矣④,而未始出于非人⑤。泰氏其卧徐徐⑥,其觉于于。一以己为马,一以己为牛。其知情信,其德甚真,而未始入于非人⑦。"

【译文】

　　啮缺向王倪求教,问了四次而王倪四次回答说不知道。啮缺高兴得跳了起来,跑去告诉蒲衣子。蒲衣子说:"现在你知道了吧?有虞氏不如泰氏。有虞氏还标榜仁义来要结人心,他虽然也可以得到人们的拥护,但是还没有超脱外物的牵累。泰氏睡觉时安闲舒缓,醒时逍遥自在,一任别人称自己为马,一任别人称自己是牛。他的知见信实,他的德性真实,他从来没受过外物的牵累。"

【注释】

①因跃而大喜:因为从王倪四答"不知"中,领悟了圣人以无知为知的妙道,故高兴得跳起来。
②有虞氏:舜帝。泰氏:伏羲氏。
③藏仁:心怀仁义。要(yāo):要结,笼络。
④得人:得人心。
⑤出:超出。非人:指外物。
⑥徐徐:安闲自得的样子。
⑦而未始:而未曾陷入外物的牵累。

【原文】

　　肩吾见狂接舆。狂接舆曰:"日中始何以语女①?"肩吾曰:"告我:君人者以己出经式义度②,人孰敢不听而化诸③!"狂接舆曰;"是欺德也④。其于治天下也。犹涉海凿河而使蚊负山也。夫圣人之治也,治外乎⑤?正而后行,确乎能其事者而已矣⑥。且鸟高飞以避矰弋之害⑦,鼷鼠深穴乎神丘之下以避熏凿之患⑧,而曾二虫之无知?"

【注释】

①日中始:假设人名。
②君人者:国君。义:裁断之法。度:准则。都是统治国家的法度。
③孰:谁。化:接受教化。诸:句尾助词,犹呢。
④欺德:虚伪的道德。

【注释】

⑤治外:统治别人。
⑥确乎句:按照人们各自能够干的而定就是了。意即人们能干什么就任随他去干什么。
⑦矰(zēng):一种用丝绳系住以便弋射飞鸟的短箭。弋(yì):弋射,用绳系住箭来射。
⑧鼷(xī)鼠:小鼠。

【译文】

肩吾会见狂接舆。狂接舆问道:"日中始他对你都说了些什么?"肩吾说:"他告诉我当君主的要凭自己的意见制定法律,人民谁敢不奉从而被感化呢?"狂接舆说:"这完全是欺骗人的啊!用这法子去治理天下,就如同在大海中开凿河道,或是像使蚊虻去背负大山一样,是不可能的呀。圣人的治理天下,难道是用法度绳之于外的吗?圣人是先正自己的性命,然后再去感化他人,任人各尽其能也就是了。鸟尚且知道高飞以躲避罗网弓箭的伤害,鼷鼠尚且知道躲藏在社坛下面,以避开烟熏铲掘的祸害,难道人反而不如这两种虫子吗?"

【注释】

①天根:假设人名。殷阳:殷山之南。
②蓼(liǎo)水:水名。
③适遭:刚好碰到。无名人:假设人名。
④鄙:卑陋。
⑤方将:正在。
⑥厌:厌烦。莽眇:缥缈。乘夫莽眇之鸟:比喻心神翱翔在缥缈的世界。
⑦圹埌(kuàngláng):空荡辽阔。

【原文】

天根游于殷阳①,至蓼水之上②,适遭无名人而问焉③,曰:"请问为天下。"无名人曰:"去!汝鄙人也④,何问之不豫也!予方将与造物者为人⑤,厌则又乘夫莽眇之鸟⑥,以出六极之外,而游无何有之乡,以处圹埌之野⑦。汝又何帛以治天下感予之心为?"又复问,无名人曰:"汝游心于淡,合气于漠,顺物自然而无容私焉,而天下治矣。"

【译文】

天根游于殷阳,走到了蓼水之上。他碰巧遇到了无名人,于是就问:"请问治理天下的办法。"

无名人说:"走开!你这鄙陋的人,干吗问这个令我不快的问题呢?我正要和造物者交游,厌烦了,就骑上'莽眇之鸟'飞出天地四方之外,从而游玩于无何有之乡,处在广漠无边的旷野。你又为什么要拿这种治理天下的梦话,来搅扰我的心情呢?"

天根又问了一遍。

无名人说:"那你就游心于恬淡之境,要清静无为,随顺着事物自然的本性而不用私意，天下就能治理好了。"

【原文】

阳子居见老聃，曰："有人于此，向疾强梁①，物彻疏明②，学道不勤。如是者，可比明王乎③？"老聃曰："是於圣人也，胥易技系，劳形怵心者也。且也虎豹之文来田④，猨狙之便执嫠之狗来藉⑤。如是者，可比明王乎？"阳子居蹴然曰："敢问明王之治。"老聃曰："明王之治：功盖天下而似不自己⑥，化贷万物而民弗恃⑦。有莫举名⑧，使物自喜。立乎不测⑨，而游于无有者也⑩。"

【译文】

阳子居去见老聃，问道："如果有这样一个人，他敏捷果敢，透彻明达，学道精勤，不知疲倦。这样可与明王相比吗？"老聃说："在圣人看来，胥吏治事为他们的技能所累，劳苦形骸又扰乱心神。而且虎豹因为皮有纹，可以招来猎人的捕杀；猿猴因为敏捷，所以给人捉来拴住。这样，你说可以和明王相比吗？"

阳子居惭愧地说："请问明王怎样治理政事？"

老聃说："明王这样治理政事：他的功绩广被于天下，却又像和自己不相干似的；他的教化施及于万物，但百姓并不觉得有所依赖；他虽有功德却不能用名称说出来，他使万物各得其所，而自己立于不可测识的地位，而行无事。"

【注释】

①向疾：回声一样快。比喻敏捷。

②物彻：物理洞彻，对事物的道理理解得十分透彻。

③明王：英明的君主。

④文：花纹。指虎豹皮毛上的花纹。

⑤便：敏捷。执：捉。嫠(lí)：形状如牛而尾长。

⑥盖：覆盖。不自己：不归功于自己。

⑦贷：施，恩赐。

⑧有：得。莫：毋，无法。举：称说。名：形容。

⑨立乎不测：指明王立足于不测的变化。

⑩无有者：指虚无之道。

【原文】

郑有神巫曰季咸，知人之死生、存亡、祸福、寿夭，期以岁月旬日若神①。郑人见之，皆弃而走②。列子见之而心醉③，归，以告壶子④，曰："始吾以夫子之道为至矣⑤，则又有至焉者矣。"壶子曰："吾与汝既其文，未既其实。而固得道与？众雌而无雄，

【注释】

①期：约，预言。

②弃而走：抛开他而远走。因为怕被他测知自己的死期。

而又奚卵焉！而以道与世亢⑥，必信⑦，夫故使人得而相汝⑧。尝试与来，以予示之。"

【译文】

郑国有一个相面很灵验的人，名叫季咸。他能占问出人的生死存亡、祸福寿夭。他预言的年、月、日，准确如神，以至于郑国人一看见他，就惊恐地逃开。列子见了他，大为心醉，回来告诉壶子，说："我原先认为先生您的道理是最高深的，现在才知道还有更高的哩。"

壶子说："我教你的只不过是名相，真正的大道并没有传授给你，你就以为得道了吗？

雌鸟要是没有雄鸟，又怎么会生出卵来呢？你以表面的道理去和世人周旋，而求别人的信任，所以被人窥测到你的心思。你去把这个季咸给我请来，让他看看我的面相！"

【原文】

明日，列子与之见壶子。出而谓列子曰："嘻！子之先生死矣！弗活矣！不以旬数矣①！吾见怪焉②，见湿灰焉③。"列子入，泣涕沾襟以告壶子。壶子曰："乡吾示之以地文，萌乎不震不正，是殆见吾杜德机也④，尝又与来。"明日，又与之见壶子。出而谓列子曰："幸矣！子之先生遇我也，有瘳矣⑤！全然有生矣！吾见其杜权矣⑥！"列子入，以告壶子。壶子曰："乡吾示之以天壤，名实不入，而机发于踵。是殆见吾善者机也⑦。尝又与来。"明日，又与之见壶子。出而谓列子曰："子之先生不齐⑧，吾无得而相焉。试齐，且复相之。"列子入，以告壶子。壶子曰："吾乡示之以太冲莫胜⑨，是殆见吾衡气机也⑩，鲵桓之审为渊⑪，止水之审为渊，流水之审为渊。渊有九名，此处三焉⑫。尝又与来。"明日，又与之见壶子。立未定，自失而走。壶子曰："追

【注释】

③心醉：指醉心于季咸的技术。

④壶子：列子的老师，是很有道德修养的人。

⑤至：最高级。

⑥亢：通"抗"，抗衡，较量。

⑦信：通"伸"，表露自己。

⑧相（xiàng）：一种巫术，观察人的容貌以测定吉凶祸福。

【注释】

①不以旬数：不需用旬来计算。意即寿命不到十天就完了。

②怪：怪异，指死亡的征候。

③湿灰：必死的象征。湿的灰则连复燃也不可能了。

④是：此。殆（dài）：大概。杜：闭塞。德机：即生机。

⑤瘳（chōu）：病愈。有瘳：有好转的希望。

之!"列子追之不及。反,以报壶子曰:"已灭矣,已失矣,吾弗及已。"壶子曰:"乡吾示之以未始出吾宗。吾与之虚而委蛇⑬,不知其谁何⑭,因以为弟靡,因以为波流,故逃也。"然后列子自以为未始学而归;三年不出,为其妻爨⑮,食豕如食人,于事无与亲⑯。雕琢复朴⑰,块然独以其形立⑱。纷而封哉⑲,一以是终。

⑥杜权:闭塞中有转机,即变得有点生气。权:变。
⑦善:指病愈。机:气机。
⑧齐:通"斋",斋戒。
⑨冲:调。阴阳二气调和就叫太冲。
⑩衡:平。气机平静就是守气不动。
⑪鲵(ní):小鱼。
⑫处:居,占。
⑬委蛇(wēiyí):随顺自然的样子。
⑭不知:指季咸不知。其:壶子自指。
⑮爨(cuàn):烧火煮饭。
⑯无与亲:无所关心。
⑰雕琢复朴:意谓把在世俗中染上的是非好恶等恶习雕琢清除,恢复淳朴的心性。
⑱块然:像土地那个样子。意即无知无识,犹今说像木头一样。
⑲纷:指世事纷纭。封:指列子封闭自己的心窍,不染世尘。

【译文】

　　第二天,列子请季咸来给壶子看相。出来,他对列子说:"唉!你老师快死了,活不了啦,过不了十天!我看他形色怪异,面如湿灰。"列子进去,哭得衣服也湿了,他把情况告诉壶子。壶子说:"刚才我显示给他看的是心境寂静,不动又不止,他看到我闭塞生机。你再请他来看看。"第二天,列子又请季咸来看壶子。季咸出来对列子说:"你的老师亏得遇上我!有救了!全然有了活气了!我看到他闭塞的生机又开始活动了!"列子进去,告诉壶子。壶子说:"我刚才显示给他看的是天地间的生气,名实不入于心,一线生机从脚跟升起。他看到我这线生机。你再请他看看。"第二天,列子又请季咸来看壶子。季咸出来对列子说:"你的先生精神恍惚,我没法子给他看相。等他心神安宁时,我再来看。"列子进去,告诉壶子。壶子说:"我刚才给他看的是没有征兆可见的太虚境界,他看到我气度持平的征兆。鲸鱼盘旋之处成为深渊,止水之处成为深渊,流水之处也可成为深渊。深渊有九重,我给他看的才只不过三种,你再请他来看。"第二天,又请了季咸来看壶子。他还没等站立住,就惊慌失色地跑掉了。壶子说:"追上他!"列子没追上。他回来告诉壶子说:"不见了踪影,他不知去向,我追不上他。"壶子说:"刚才我显示给他看的,是万象皆空的境界,还未曾出示我的大道理!我和他随顺应变,他捉摸不定,就像草遇风而倒,又像水随波逐流,所以他就逃了。"列子这才知道自己原来并没学到什么,于是返回家中,三年不出门。他替妻子烧饭，喂猪就像侍候人一样。他对于事物无所偏私，抛弃浮华而回归到本真，没知没识的样子，在纷纭的世界中保持纯真简朴，终身都是如此。

【注释】

①无为：不要作。

②谋府：藏计谋的地方，犹今说智囊。

③事任：工作的担任者。

④知主：智慧的主宰者。

⑤体尽无穷：与无穷的事物完全浑然一体。

⑥朕(zhèn)：迹。

⑦若镜：意即纯客观地反映。

【原文】

无为名尸①，无为谋府②，无为事任③，无为知主④。体尽无穷⑤，而游无朕⑥。尽其所受乎天而无见得，亦虚而已！至人之用心若镜⑦，不将不迎，应而不藏，故能胜物而不伤。

【译文】

要抛弃求名的妄念，要弃绝策谋的智慧，要丢弃专断的行为，要绝弃智巧的行为。体会着无穷的大道，游心于寂静的境域；承受着自然的本性而不自我夸耀，这也是达到空明的心境。至人的用心就如同那镜子，任物自来自去而不加迎送，如实反映一切而无所隐藏，所以能够胜物而又不为物所损伤。

【注释】

①儵(shū)：与下文的忽、混沌，都是寓言中假设的名字。

②谋报：筹谋报答。德：恩德，即上句说的"待之甚善"。

③七窍：七个洞，指二眼、二鼻孔、二耳、一口。息：呼吸。

【原文】

南海之帝为儵①，北海之帝为忽，中央之帝为混沌。儵与忽时相与遇于混沌之地，混沌待之甚善。儵与忽谋报混沌之德②，曰："人皆有七窍以视听食息③。此独无有，尝试凿之。"日凿一窍，七日而混沌死。

【译文】

南海的帝王名叫儵，北海的帝王名叫忽，中央的帝王名叫混沌。儵和忽常到混沌的领地去相会，混沌待他们很友好。儵和忽商量报答混沌的美意，说："人都有七窍，用以看、听、饮食、呼吸，唯独他没有，我们尝试着替他凿开吧。"他们一天凿开一窍，七天后，混沌就死了。

外 篇

骈拇（节选）

【注释】

①骈(pián)：并。拇：拇指,手或脚的大指。骈拇：拇指与第二指连生。枝指：拇指旁生的小指。

②侈(chǐ)：多余。

③方：旁。多方：多生枝节。

④骈枝：即骈拇枝指。句谓在仁义礼智信上又多生枝节。

⑤淫僻：淫邪偏僻,作动词用。行：道路。句谓走上了仁义的邪门歪道。

【原文】

　　骈拇枝指出乎性哉①，而侈于德②；附赘县疣出乎形哉，而侈于性；多方乎仁义而用之者③，列于五脏哉，而非道德之正也。是故骈于足者，连无用之肉也；枝于手者，树无用之指也；多方骈枝于五脏之情者④，淫僻于仁义之行⑤，而多方于聪明之用也。

【译文】

　　并生的足趾和枝生的手指，它们是出乎本性吗？却超过了应得。附生的肉瘤，是出乎形体的本性吗？却超过了本性。多端造作仁义来施用，比列于身体本来就有的五脏吗？却不是道德的本然。因此，并生在脚上的，只是连接了一块无用的肉，枝生在手上的，只是长了一个无用的指头；超出了内在的真性，矫饰仁义的行为，而多方滥用了聪明。

【注释】

①骈于明：过分明察。骈，在这里有多生、过分的意思。

②煌煌：缭乱的样子。

③离朱：传说黄帝时视力最好的人，能在百步那么远看见秋毫之末。

④大吕：六吕中的第一音。

⑤枝于仁者：在仁义上多生枝节。

【原文】

　　是故骈于明者①，乱五色，淫文章，青黄黼黻之煌煌非乎②？而离朱是已③！多于聪者，乱五声，淫六律，金石丝竹黄钟大吕之声非乎④？而师旷是已！枝于仁者⑤，擢德塞性以收名声⑥，使天下簧鼓以奉不及之法非乎⑦？而曾、史是已！骈于辩者，累瓦结绳窜句⑧，游心于坚白同异之间，而敝跬誉无用之言非乎⑨？而杨、墨是已！故此皆多骈旁枝之道，非天下之至正也。

【译文】

　　所以，纵情于视觉的，就迷乱五色、混淆文采，这岂不是像彩色华丽的服饰的耀人眼目吗？离朱便是这类人的代表。纵情于听觉的，就混乱了五声，放任于六律，这岂不是金、石、丝、竹和黄钟大吕的音调吗？师旷就是这类人的代表。标榜仁义的，蔽塞了他们的德性而求名誉，岂不是使全天下人喧闹着去奉守那不当奉从的法式吗？曾参和史便是这类人的代表。多言诡辩的，说了一大套空话、穿凿文句，游荡心思于坚白、同异的论题上，这难道不是疲敝精神为求一时的名誉而争执着无用的言论吗？杨朱和墨翟便是这类人的代表。可见，这些都是歪门邪道，并不是天下的正路呀。

⑥擢（zhuó）：拔。
⑦簧（huáng）鼓：作动词用，吹笙打鼓，鼓吹；比喻宣传吹捧。
⑧累瓦、结绳：都是古时记事的办法，故引申为记事。
⑨敝跬（bìkuǐ）：借为蹩躠（biéxiè），费力的样子。誉：夸耀。

【原文】

彼正正者①，不失其性命之情。故合者不为骈，而枝者不为跂；长者不为有余，短者不为不足。是故凫胫虽短②，续之则忧；鹤胫虽长，断之则悲。故性长非所断，性短非所续，无所去忧也③。

【注释】

①正正：当为"至正"之误。
②凫（fú）：野鸭。胫：脚。
③去：抛弃。无所去忧：没有什么忧愁，所以无须抛弃。

【译文】

那些合于事物本然的实况的，就不会违失性命的真情。所以结合的并不是骈连，分枝的也不是有余，长的不是多余，短的也不是不足。所以，野鸭的腿虽然短，硬给它接上一段便会给它造成痛苦；鹤腿虽然长，要是硬切下一截便会给它造成极大的悲哀。所以，原本是长的，就不能切断；原本是短的，也不必接长，这样就没有什么可忧虑的了。唉！仁义难道合于人情吗？那些所谓的仁人为什么那么多忧愁，而去孜孜以求地追求呢？

马蹄（节选）

【原文】

　　马，蹄可以践霜雪，毛可以御风寒。龁草饮水，翘足而陆①，此马之真性也。虽有义台路寝②，无所用之。及至伯乐，曰："我善治马③。"烧之④，剔之⑤，刻之⑥，雒之⑦。连之以羁䭶，编之以皂栈⑧，马之死者十二三矣！饥之渴之，驰之骤之⑨，整之齐之，前有橛饰之患⑩，而后有鞭筴之威⑪，而马之死者已过半矣！陶者曰："我善治埴。"圆者中规⑫，方者中矩。匠人曰⑬："我善治木。"曲者中钩，直者应绳。夫埴木之性，岂欲中规矩钩绳哉！然且世世称之曰："伯乐善治马，而陶匠善治埴木。"此亦治天下者之过也。

【译文】

　　马这种动物，它的蹄子可用来践踏霜雪，毛可用以抵御风寒，它吃草饮水，翘着后腿跳，这些都是马的真情性。纵使有高大的台和殿，对于马而言并没什么用处。到了伯乐出现，他说了"我会管理马！"于是他用烙铁烫它，剪它的毛，削它的蹄，烙上烙印，络头绊脚把它拴起来，编入马槽中，马便死去十分之二三了！然后，他又饿它，渴它，让它驰骋、奔跑、训练、修饰。马有口衔镳缨的拘束，又有皮鞭竹策的威胁，马就死掉大半了！泥匠说："我会捏陶土，使圆的合于规，方的合于矩。"木匠说："我会削木头，使方的合于钩，直的合于绳。"陶土与树木，它们的本性难道是要合于圆规方矩钩钩绳墨吗？然而，世世代代称说："伯乐会管理马，陶工木匠会制作黏土木材。"这也和治理天下的人犯一样的过错啊。

【注释】

①陆：通"踛"，跳。

②义台：即仪台，用来举行礼的仪式的台。筑土为台，台上架屋，当中设门。

③治：训练。下面叙述伯乐治马的过程。

④烧之：指把铁烧红，在马身上打火印作为标志。

⑤剔(tī)：剪，指剪马毛。

⑥刻：刻削马蹄甲。

⑦雒(luò)：通络。雒之：给马戴上笼头。

⑧编：架搭。皂(zào)：马槽。

⑨骤之：使马快跑。

⑩橛(jué)：马口所含的横木，叫马嚼子。饰：指马缨。这些东西对马说来是一种束缚，故称为患。

⑪鞭筴：打马的工具。带皮的叫鞭，无皮的叫筴。筴，亦作策。

⑫中(zhòng)：符合。

⑬匠人：木匠。

【原文】

　　夫马陆居则食草饮水，喜则交颈相靡①，怒则分背相踶②。马知已此矣③！夫加之以衡扼④，齐之以月题⑤，而马知介倪闉扼鸷曼诡衔窃辔。故马之知而态至盗者⑥，伯乐之罪也。夫赫胥氏之时⑦，民居不知所为，行不知所之⑧，含哺而熙⑨，鼓腹而游⑩。民能以此矣！及至圣人，屈折礼乐以匡天下之形⑪，县跂仁义以慰天下之心，而民乃始踶跂好知，争归于利，不可止也。此亦圣人之过也。

【译文】

　　马生活在陆地上，吃草饮水，高兴时它们就交颈相摩，发怒时就背身相踢。马所晓得的仅止于此，等到加上了车衡颈轭，装上了额前佩饰，马就逐渐学会了折毁车轭、曲颈脱轭、抗击车盖、吐出口勒、咬断笼头。所以，马之至于抗击人，这都是伯乐们造的罪孽呀。

　　上古帝王赫胥氏的时代，人民安居而无所作为，悠游自在而无所往，口含食物相互嬉戏，鼓着吃饱的肚子四处游玩，民众就是这么安然自适的。及至圣人出现之后，用礼乐来周旋，以匡正天下人的仪态；用仁义来标榜，以安慰天下人的心，人民才开始争先运用智谋，汲汲于争权夺利而不可制止。这也是圣人们的过失呀！

【注释】

①靡：通"摩"。

②分背：背对背。踶(tì)：通"踢"。

③马知(zhì)句：马的智慧只不过如此罢了。

④衡：车辕前端的横木。

⑤月题：在马额上的一种装饰，用金属雕刻而成，形状似月，又叫当颅。

⑥知(zhì)：通"智"。而：与。

⑦赫胥氏：传说中上古时代的帝王。

⑧之：往。

⑨哺：口中含着的食物。熙：通"嬉"，游戏。

⑩鼓腹：肚子吃得饱饱的样子。

⑪匡：正。天下之形：指天下人的举动。

胠箧（节选）

【原文】

　　将为胠箧探囊发匮之盗而为守备，则必摄缄縢①，固扃鐍②，此世俗之所谓知也。然而巨盗至，则负匮揭箧担囊而趋③，唯恐缄縢扃鐍之不固也。然则乡之所谓知者④，不乃为大盗积者也？

【译文】

　　为了防备那些开箱、掏布袋、打破柜子的小贼，一般人都捆紧绳索、关紧锁钮，这是世俗所谓的聪明。但是一旦大盗来临，他会背起柜子，举起箱箧，挑起囊袋而走，唯恐绳索关钮不够牢固。那么以前所说的聪明举措，不就是在实际为大盗储聚的吗？

【原文】

　　故尝试论之：世俗之所谓知者，有不为大盗积者乎？所谓圣者，有不为大盗守者乎？何以知其然邪？昔者齐国邻邑相望①，鸡狗之音相闻②，罔罟之所布，耒耨之所刺，方二千余里。阖四竟之内③，所以立宗庙社稷④，治邑屋州闾乡曲者⑤，曷尝不法圣人哉⑥？然而田成子一旦杀齐君而盗其国，所盗者岂独其国邪？并与其圣知之法而盗之，故田成子有乎盗贼之名，而身处尧舜之安⑦。小国不敢非，大国不敢诛，十二世有齐国，则是不乃窃齐国并与其圣知之法以守其盗贼之身乎？

【注释】

①摄(shè)：绑紧。缄(jiān)、縢(téng)：都是绑东西的绳子。

②固：作动词用,使之坚固。扃(jiōng)：从外面关门的闩、钩等。鐍(jué)：箱子上安锁的环状物。相当于后代的锁钥。

③负：用背背。揭：用手提。担：用担抬。

④乡(xiàng)：通"向"。早先。

【注释】

①昔者：从前。

②鸡狗句：表现一种宁静太平的景象。

③阖(hé)：总合。

④宗庙：同宗之庙。

⑤治：统治。

⑥曷：何。法：效法。

⑦而身处句：当时田成子当了齐相,立齐平公为傀儡。他的食邑比齐

【译文】

让我尝试着引申:世俗上所谓的聪明,能有不为大盗守聚的吗?所谓的圣人,能有不为大盗做看守的吗?我是怎样得出这一结论的呢?从前,齐国的邻里相望,鸡鸣狗吠之声相闻,网罟所散布的范围、犁锄所耕的地方,纵横各两千多里。统括四境之内,凡是建立宗庙社稷以及治理大小不等的行政区域,何尝不是效法圣人的呢?但一旦田成子杀死齐君,盗有齐国,所盗取的岂止是一个齐国吗?他连齐国的圣智礼法也一并盗了去!所以田成子虽然有盗贼的名声,却身处尧舜一样的安稳,小国不敢非议他,大国不敢诛伐他,他占据着齐国。这岂不是不仅窃有了齐国,并且把圣智礼法也窃了去以保护他那盗贼之身吗?平公的还大。故说他安乐如帝王。

【原文】

尝试论之:世俗之所谓至知者,有不为大盗积者乎?所谓至圣者,有不为大盗守者乎?何以知其然邪?昔者龙逢斩①,比干剖,苌弘胣②,子胥靡。故四子之贤而身不免乎戮③。故跖之徒问于跖曰:"盗亦有道乎?"跖曰:"何适而无有道邪④?夫妄意室中之藏⑤,圣也;入先,勇也;出后,义也;知可否,知也;分均,仁也⑥。五者不备而能成大盗者,天下未之有也。"由是观之,善人不得圣人之道不立⑦,跖不得圣人之道不行。天下之善人少而不善人多,则圣人之利天下也少而害天下也多。故曰:唇竭则齿寒⑧,鲁酒薄而邯郸围,圣人生而大盗起⑨。掊击圣人⑩,纵舍盗贼,而天下始治矣。

【注释】

①斩:被杀。

②苌弘(chánghóng):是周敬王时的大夫,与晋国范中行氏有联系,后晋赵鞅因与范中行氏的矛盾而讨伐周,周人因此杀苌弘。胣(chǐ):裂。

③戮(lù):杀。以上几句说明暴君利用了圣智之法来杀害贤臣,可见圣智之法被盗窃了。

④何适:到哪里。

⑤妄意:猜想,推测。藏:指室中所藏的东西。

⑥分均二句:分赃时分得平均,就称得上仁惠。

【译文】

让我再来引申论述一下:世俗上所谓最聪明的,有不为大盗储聚的吗?所谓的至圣,有不为大盗守备的吗?我怎么知道是这样呢?从前,因为忠心关龙逢被杀头,比干被剖心,苌弘被刳肠，伍子胥尸体糜烂于江中，像这四个贤人，也不免杀身之祸。因而盗跖的门人问他说："强盗也有道存在吗？"盗跖说："无论在哪里也不会没有道的呀！在我们盗贼行中，能正确猜中屋中财物的多少，就是'圣'；领头冲进屋的，就是'勇'；最后一个出屋以保护大家的，就是'义'；酌情判断是否下手，就是'智'；分赃平均，就是'仁'。这五样不具备而能成大盗，天下可绝没有这样的事！"这样看来，善人如不得到圣人之道就不能立身，盗跖如果不得圣人之道便不能横行。天下的好人少、坏人多，那么圣人利天下的就少而害天下的就多。所以说嘴唇反张，牙齿便觉得寒冷；鲁国诸侯的酒味淡，赵国首都邯郸便遭围困；圣人一出现，大盗便横行。打倒圣人，释放盗贼，天下才会太平。

【原文】

夫川竭而谷虚①，丘夷而渊实。圣人已死，则大盗不起，天下平而无故矣！圣人不死，大盗不止。虽重圣人而治天下，则是重利盗跖也②。为之斗斛以量之③，则并与斗斛而窃之；为之权衡以称之④，则并与权衡而窃之；为之符玺以信之⑤，则并与符玺而窃之；为之仁义以矫之，则并与仁义而窃之。何以知其然邪？彼窃钩者诛⑥，窃国者为诸侯，诸侯之门而仁义存焉，则是非窃仁义圣知邪？故逐于大盗⑦，揭诸侯⑧，窃仁义并斗斛权衡符玺之利者，虽有轩冕之赏弗能劝，斧钺之威弗能禁⑨。此重利盗跖而使不可禁者，是乃圣人之过也。

【译文】

溪谷空虚，河川便会干涸；丘陵变平，深渊便会填满。圣人一死，大盗自然不会兴起，天下于是才能太平。如果圣人不死，大盗便不会停止。虽然是借重圣人以治理天下，但却大大增益了

【注释】

⑦圣人之道：即圣智之法。

⑧唇竭句：嘴唇没有了，牙齿就受冻。竭：亡。

⑨生、起：都是出现的意思。

⑩掊(pǒu)击：抨击，犹说打倒。

①夫川句：两山间的流水叫川，两山间的流水道叫谷。川水干涸则谷道空虚。

②虽重二句：前句重字念chóng。后句重字念zhòng。

③斛(hú)：十斗的量器。

④权：秤锤。衡：秤杆。称(chēng)：衡量轻重。

⑤符：符契。分则为两片，合则成一体，双方各执一片作证据来保证信用。

盗跖的利益。制造斗斛来量，他便连斗斛也偷了去；制成秤来称，他却连秤也偷了去；刻造印章来取信，他却连印章也偷了去；提倡仁义来矫正，他却连仁义也一块儿偷了去！怎么知道是这样的呢？偷窃衣带的钩子的人会遭刑法处罚，但那些偷窃国家的人反而成为诸侯，一旦成为诸侯，仁义就都跑到他家里去了，这难道不是盗窃了仁义和圣智吗？因而那些追随大盗、拥立诸侯、盗窃仁义与斗斛、秤、符印利益的人，即便是用高车冠冕为赏赐，也不能劝阻他们不为非，即便是用斧钺的威刑也吓不退他们。这样，大大地利于盗跖却又无法禁止的，都是圣人的过错呀。

⑥钩：铸金作钩形，像后世银锞之类。一解为衣带钩，指代不值钱的东西。

⑦逐：追随。

⑧揭：拔取，攻打。

⑨钺（yuè）：形状像斧头而稍为大一点的一种武器。

在宥（节选）

【原文】

崔瞿问于老聃曰："不治天下，安藏人心①？"老聃曰："女慎，无撄人心。人心排下而进上②，上下囚杀，淖约柔乎刚强③，廉刿雕琢④，其热焦火⑤，其寒凝冰⑥，其疾俯仰之间而再抚四海之外⑦。其居也，渊而静⑧；其动也，县而天⑨。偾骄而不可系者⑩，其唯人心乎！昔者黄帝始以仁义撄人之心，尧、舜于是乎股无胈⑪，胫无毛，以养天下之形⑫。愁其五藏以为仁义，矜其血气以规法度。然犹有不胜也。尧于是放讙兜于崇山，投三苗于三峗，流共工于幽都⑬，此不胜天下也。夫施及三王而天下大骇矣⑭。下有桀、跖，上有曾、史，而儒墨毕起。于是乎喜怒相疑，愚知相欺，善否相非⑮，诞信相讥⑯，而天下衰矣；大德不同，而性命烂漫矣；天下好知，而百姓求竭矣⑰。于是乎斤锯制焉，绳墨杀焉⑱，椎凿决焉。天下脊脊大乱⑲，罪在撄人心。故贤者伏处大山嵁岩之下⑳，而万乘之君忧栗乎庙堂之上。今世殊死者相枕也㉑，桁杨者相推也㉒，刑戮者相望也㉓，而儒墨乃始离跂攘臂乎桎梏之间。意，甚矣哉！其无愧而不知耻也甚矣！吾未知圣知之不为桁杨椄槢也，仁义之不为桎梏凿枘也㉔，焉知曾、史之不为桀、跖嚆矢也！故曰：绝圣弃知，而天下大治。"

【译文】

崔瞿问老聃，说："不治理天下，怎样使人心向善？"老聃说："你要当心不要扰乱了人心。人心这东西，你压抑它，它便消沉；推进它，它便高举。在心的消沉和高举之间，犹如被拘囚和杀伤，柔美的心态表现可以柔化刚强。一个人饱受折磨时，心

【注释】

①安：怎样。藏：畜，养。这里有安顿的意思。

②排下：不愿居处在低下的职位。

③淖(chuò)约：软弱。

④廉：棱。刿(guì)：利。廉刿，尖利。雕琢：刻削。这句是写人情心理的尖利刻薄。

⑤其热句：犹今说火热。

⑥其寒句：冷若冰霜。

⑦疾：快。指心神活动迅速。抚：触及，到。

⑧渊：比喻深不可测。

⑨县：通"玄"。县而天：玄妙如天那样莫测。

⑩偾(fèn)：紧张而兴奋。

⑪胈(bá)：股上小毛。

⑫养天下之形：养天下人的身体。

⑬共(gōng)工：传说尧时的造反者。幽都：幽州。

⑭三王：夏、商、周三代的君王。骇：惊动。

境便易于急躁犹如烈火、忧恐犹如寒冰。变化的迅速,顷刻之间似往来于四海之外。人心安稳时深沉而寂静,跃动时悬腾而高飞,强傲而又不可拘制的东西,就是那人心呀!从前,黄帝就曾用仁义扰乱人心,于是尧和舜劳累得大腿上不长肉、小腿上不长毛,来供养天下人的形体,忧劳他们的心智去施行仁义,耗费他们的心血去规定法度。然而,他们还是不能改变人心,于是尧把欢兜流放在崇山,把三苗投放在三峗,把共工流放在幽州,这仍然不能治好天下。及至三代帝王时,天下受到的惊扰更严重。下有夏桀和盗跖,上有曾参和史鱼,而儒墨两派的论争也兴起了,于是人们喜怒互相猜忌,愚智互相欺侮,善恶互相排挤,荒唐与真实互相讽刺,天下风气从此就衰颓了;大德分歧,而性命的情理也散乱了;天下爱好智巧,而百姓之间就增多了纠葛。于是上层用斧锯来制裁,用礼法来击杀,用肉刑来处决。天下纷纷大乱,罪过在于扰乱了人心。所以贤士隐居在高山深谷,而万乘君主忧惧于朝堂之上。"现在被处死的人残尸堆积,戴镣铐的人连绵不断,被刑杀的人满眼都是,于是儒家和墨家就费尽力气在枷锁之间呼喊,唉!太过分了!他们这样地羞愧而不自知耻!我还不知道圣智是镣铐的楔木,仁义是枷锁的孔柄吗?你怎么知道曾参、史鱼就不是夏桀、盗跖的先导呢?所以说:'抛弃聪明智巧,天下就会太平。'"

⑮否(pǐ):恶,坏。
⑯诞:荒诞。信:诚实。
⑰求:借为賕,财货。
⑱绳墨:指法度。
⑲脊脊:通"藉藉",互相践踏、欺压。
⑳嵁(kān):深。嵁岩:即深岩。句谓贤者隐居山林。
㉑殊:身首异处。
㉒桁(háng)杨:架绑在脚和颈上的刑具。犹今说的枷锁。相推:相推而行,说明拥挤。
㉓相望:表明不是个别行刑,而是集体屠杀。
㉔凿(zuò):榫眼。枘(ruì):榫头。

【原文】

云将东游,过扶摇之枝而适遭鸿蒙①。鸿蒙方将拊脾雀跃而游。云将见之,倘然止,贽然立②,曰:"叟何人邪③?叟何为此?"鸿蒙拊脾雀跃不辍,对云将曰:"游④!"云将曰:"朕愿有问也。"鸿蒙仰而视云将曰:"吁⑤!"云将曰:"天气不和,地气郁结,六气不调,四时不节⑥。今我愿合六气之精以育群生,为之奈何?"鸿蒙拊脾雀跃掉头曰⑦:"吾弗知!吾弗知!"云将不

【注释】

①扶摇:从下卷向上的暴风。扶摇之枝:暴风的余风。这是以树作比喻,暴风中心如树干,余风如树枝。
②贽(zhì)然:不动的样子。

③叟(sǒu)：对长者的称呼。

④游：意即叫云将一起游而无须多问。

⑤吁：感叹词。表示嫌云将多事。

⑥六气二句：六气，阴、阳、风、雨、晦、明。不节：节令不正常。

⑦掉头：摇头。表示否定。

⑧有：语助词，无义。有宋：宋国。

⑨天：对鸿蒙的尊称。与黄帝称广成子"可谓天矣"意同。

⑩猖狂：无所束缚的状态。

⑪鞅掌：引申为放任随便的意思。

⑫无妄：真实。指万物的本来面目。

⑬何知：哪里懂得。意即不理睬云将问的那一套。

⑭朕也自二句：我也是原来想自由而游的，但老百姓总是跟随着我跑。以为，认为，想。

⑮玄天：老天爷。因为天是玄妙莫测的，故称玄天。弗成：不会使你成就。

得问。又三年，东游，过有宋之野⑧，而适遭鸿蒙。云将大喜，行趋而进曰："天忘朕邪⑨？天忘朕邪？"再拜稽首，愿闻于鸿蒙。鸿蒙曰："浮游不知所求，猖狂不知所往⑩，游者鞅掌⑪，以观无妄⑫。朕又何知⑬！"云将曰："朕也自以为猖狂，而民随予所往⑭；朕也不得已于民，今则民之放也！愿闻一言。"鸿蒙曰："乱天之经，逆物之情，玄天弗成⑮，解兽之群而鸟皆夜鸣⑯，灾及草木，祸及止虫⑰。意！治人之过也。"云将曰："然则吾奈何？"鸿蒙曰："意！毒哉⑱！僊僊乎归矣⑲！"云将曰："吾遇天难，愿闻一言。"鸿蒙曰："意！心养⑳！汝徒处无为，而物自化。堕尔形体㉑，吐尔聪明㉒，伦与物忘㉓，大同乎涬溟㉔。解心释神㉕，莫然无魂㉖。万物云云㉗，各复其根，各复其根而不知。混混沌沌，终身不离。若彼知之，乃是离之。无问其名，无窥其情，物固自生。"云将曰："天降朕以德，示朕以默。躬身求之，乃今也得。"再拜稽首，起辞而行。

【译文】

云将到东方去游玩，经过神木的枝头，他恰巧遇上了鸿蒙。鸿蒙正在拍着大腿，雀跃着游行。云将看见了，忽然停下来，恭恭敬敬地站着，说："您是谁呀，老先生？您为什么来到这里呢？"

鸿蒙拍着大腿跳个不停，对云将说："遨游！"

云将说："我想请问——"

鸿蒙仰脸看着云将，说："啊？"

云将说："天气不适宜，地气也闷积着，六气不调和，四时不顺序。现在我想融合六气的精华来养育万物，得怎么做才行呢？"

鸿蒙拍着大腿跳跃着，他摇着头说："我不知道！我不知道！"

云将得不到所问。又过了三年，他向东游行，当经过宋国野地时，恰巧遇见了鸿蒙。云将极其高兴，于是快步上前，说："您忘了我吗？您忘了我吗？"于是向鸿蒙叩头礼拜，希望鸿蒙能指点他。

鸿蒙说："悠游自在，无所贪求；随心所欲，无所不适；游心在纷繁的事象中，来观察万物的真相，只此而已，我又知道些什么呢？"

云将说："我自认为随心所欲，但民众跟随着我；我不得已接触他们，但现在却被他们所仿效。请您指教！"

鸿蒙说："扰乱了自然的常道，违逆了万物的真情，那么自然的状态便不能保存；群兽离散，飞鸟夜鸣，殃及草木，祸及昆虫。唉！这是治理民众的过错呀！"

云将问："那我该怎么办呢？"

鸿蒙说："唉！毒害人啊，快回去吧！"

云将说："我很难再见您一面，求您不吝指点！"

鸿蒙说："唉！要修养心境。你只要能顺任自然而无所作为，万物自己就会自生自灭。

要忘掉你的躯体，抛开你的聪明，和外物混合，和自然元气混同，释放心神，无所计较。万物纷纭变化，让它们各自返回到它们的本根吧！它们各自返回本根而不知道为什么；浑然不用心智，才能终身不离本根；如果运用心智，就会离失本根。你不必追问它的名称，也不必探求它的真相，万物是自然地生长着的。"

云将说："天施给我恩德，晓示我静默；只有亲身求道，我直到今天才有所收获呀！"

他于是对鸿蒙叩拜行礼，就告辞而去。

⑯解：散。

⑰止虫：即贞虫。雌雄没有交合的虫，如细腰蜂之类。

⑱毒：害。毒哉：感叹云将受毒害太深而又难于觉悟。

⑲僊(xiān)僊：轻飘飘的样子。

⑳心养：即养心。宾语前置。

㉑堕：通"隳"，废。尔：你。

㉒吐：通"杜"，绝。

㉓伦：类同。伦与物忘，指自己连同万物都要忘却。

㉔涬溟(xìngmǐng)：混混沌沌的状态。

㉕解、释：都有放弃、忘却的意思。

㉖莫：通"漠"。莫然：茫茫然。无魂：连魂魄都没有，亦即忘心。

㉗云云：种种，众多的样子。

秋　水

【原文】

秋水时至，百川灌河①。泾流之大②，两涘渚崖之间③，不辨牛马。于是焉河伯欣然自喜④，以天下之美为尽在己。顺流而东行，至于北海，东面而视，不见水端。于是焉河伯始旋其面目⑤，望洋向若而叹曰⑥："野语有之曰：'闻道百，以为莫己若者。'我之谓也。且夫我尝闻少仲尼之闻而轻伯夷之义者，始吾弗信⑦。今我睹子之难穷也⑧，吾非至于子之门则殆矣，吾长见笑于大方之家。"北海若曰："井蛙不可以语于海者⑨，拘于虚也；夏虫不可以语于冰者⑩，笃于时也⑪；曲士不可以语于道者⑫，束于教也。今尔出于崖涘，观于大海，乃知尔丑⑬，尔将可与语大理矣。天下之水，莫大于海：万川归之，不知何时止而不盈；尾闾泄之⑭，不知何时已而不虚⑮；春秋不变，水旱不知。此其过江河之流，不可为量数。而吾未尝以此自多者⑯，自以比形于天地，而受气于阴阳，吾在于天地之间，犹小石小木之在大山也⑰。方存乎见小⑱，又奚以自多！计四海之在天地之间也，不似礨空之在大泽乎⑲？计中国之在海内，不似稊米之在大仓乎⑳？号物之数谓之万，人处一焉㉑；人卒九州㉒，谷食之所生㉓，舟车之所通㉔。此其比万物也，不似豪末之在于马体乎？五帝之所连，三王之所争，仁人之所忧㉕，任士之所劳㉖，尽此矣！伯夷辞之以为名㉗，仲尼语之以为博。此其自多也，不似尔向之自多于水乎㉘？"

【译文】

　　秋雨按时降下，许多河流都汇流入黄河。黄河非常宽广，两

【注释】

①百川：许多河流。灌：注入。河：黄河。

②泾（jīng）：至的假借字，直流的水波。泾流连用，即指水流。

③涘（sì）：水边。两涘：河的两边。渚（zhǔ）：水中间的小块陆地。

④河伯：河神。传说姓冯名夷。

⑤旋：转变。旋其面目：改变了欣然自喜的面容。

⑥望洋：眼睛迷茫的样子。

⑦弗信：指不相信对仲尼的见识可以小看与对伯夷的节义可以轻视。

⑧子：您。这里借指海。

⑨语于海：谈及大海。

⑩语于冰：谈及冰。

⑪笃（dǔ）：守，限制。

⑫曲士：乡曲之士。

⑬丑：鄙陋。

⑭尾闾：排泄海水的地方，传说在海的东边。

岸和河中小洲之间是牛是马都分辨不清。于是，黄河之神欣然自喜，认为天下美好的景色尽在自己面前。黄河之神顺流东下，到达北海边，面向东方望去，看不见大海的尽头。于是，河神回转过脸面，向着海神若仰视而感叹说："俗语有这样的话：'听说上百条道理，便认为谁都不如自己懂得的多。'说的就是像我这样的人。我曾听说认为孔子的见闻很少，而轻视伯夷气节的话，当初我不相信。现在，我亲眼看到你浩渺而不见边际，我要不是来到你的门前，那就危险了，我将永远被得道之人讥笑。"海神说："井中的青蛙之所以不能与它谈论大海，是由于它局限在井中很小的地方；夏天生秋天死的昆虫，不能与它谈论冬天会结冰的事，是因为它受其生长时间的局限；卑陋偏执之士之所以不能与他谈论大道，是因为他束缚于俗学。现在，你从黄河边走出来，观看浩渺苍茫的大海，才知道你自己的卑陋寡闻，将可以与你谈论大道了。天下的河流，都没有海大，千万条河流都汇流入海，永远不休止也未见满溢；从尾闾排泄海水，永远不停止也未见亏虚；春雨少、秋雨多，也未见海水有何变化；或涝或旱，也未见海水有所增减。大海蓄水之多远远超过江河的流量，是无法计量的。而我并没有因此而自满，自己认为寄托形体于天地，禀受元气于阴阳，我存在天地之间，就好像小石小木在泰山中那样小。正存在有以为自己小的想法，哪里会感到自满呢？估算一下，四海存在天地之间，不就像蚁穴存在大泽之中吗？估算一下，中原存在四海之内，不就像一粒稊米存在储粮大仓之中吗？人们号称物类之数以万计，人只占其中之一。人众聚集九州，靠着粮食生长，靠着车船交通，个人只占其中之一。一个人与万物相比，不就好像毫毛之末在马体上那样小吗？五帝接连禅让天下，三王兴师争夺天下，仁人忧虑天下安危，治世之士劳苦于职务，皆同毫末一样微不足道！伯夷辞让君位以成就好名声，孔子大谈天下大事以显示自己的学识渊博，他们的自满，不就好像你

从动物的排泄处多在尾部，故拟称"尾闾"。

⑮虚：指水尽。

⑯自多：自夸。

⑰大（tài）：通"泰"。

⑱存：察，看到。见：读如现。

⑲礨（lěi）：石块。礨空：石块上的小孔。大泽：大的湖泽。

⑳稊（tí）米：像稗籽一样小的米。大（tài）仓：储粮的大仓库。

㉑处：居占。处一：占万物中之一。

㉒人卒：人众。九州：天下。

㉓谷食句：稻谷等食物所生长的地方。

㉔通：通"行"。所通：通行的地方。

㉕仁人：指儒家者流。

㉖任士：指墨家者流。

㉗辞之：指拒绝当孤竹之君。

㉘向：从前。自多于水：以水量自夸。

刚才在秋水面前扬扬自得那样吗？"

【原文】

河伯曰："然则吾大天地而小毫末①，可乎？"北海若曰："否。夫物，量无穷，时无止②，分无常③，终始无故④。是故大知观于远近⑤，故小而不寡，大而不多：知量无穷。证曏今故，故遥而不闷⑥，掇而不跂⑦：知时无止⑧。察乎盈虚，故得而不喜，失而不忧：知分之无常也⑨。明乎坦涂⑩，故生而不说，死而不祸：知终始之不可故也⑪。计人之所知⑫，不若其所不知；其生之时，不若未生之时；以其至小，求穷其至大之域，是故迷乱而不能自得也。由此观之，又何以知毫末之足以定至细之倪，又何以知天地之足以穷至大之域！"

【译文】

河神说："那么，我以天地为大，以毫末为小，可以吗？"海神说："不可。物的限量大小是没有穷尽的，时间的流逝是没有止境的，得与失是没有定准的，无始无终，变化日新。所以有大智慧的人能够观察事物的远近，不会因为小而认为少，不会因为大而认为多，因为知道万物的限量是无穷的。能够验证和察明古今变化无穷的情形，所以对流逝的遥远的过去并不厌倦，对拾掇可得的未来并不企望，知道时间的流逝是不会停止的。能够明察天道有盈有亏的变化之理，所以得到不喜悦，失去不悲伤，深知得失本来就是没有固定的。能够明白死生是平坦的大道，所以生不足以为欣悦，死亦不足以为祸败，明白死与生并无常理。计算人所知道的事情，远不如其所不知道的事多；人生存的时间，远不如死去的时间长，想用其很少的知识和有限的生命，去探求和明白无限发展变化的世界，所以只能把自己弄得心思迷乱而必然不能有所得。由此看来，又怎么能知道毫末就可以作为判定最小

【注释】

①然则句：大、小，都是形容词作意动用法。句意问能否把天地看做大而把毫末看做小。

②时无止：指物存在的时间无止境。以下几句说的都是物。

③分(fèn)：分际，界限。物的界限随时间空间的变化而变化，故说无常。

④故：通"固"，固定。

⑤大知：指得道的人，知通"智"。观于远近：既看到远也看到近。

⑥故遥句：以今事证古事，虽遥远而明白。遥，远。

⑦掇(duō)而句：以古事证今事，虽近而有不可企及的。意即有难于捉摸的地方。

⑧知时句：从古今变异、转化不停，就可以知道时间是无止境的。

⑨分：指得失的界限。

⑩坦涂：大道。

⑪知终句：明白了终始变化是不能固定的。故，通"固"，固定。

⑫所知：所知道的事。

之物的尺度呢？又怎么能知道天与地就可以视为是最大的境域呢？"

【原文】

河伯曰："世之议者皆曰：'至精无形①，至大不可围。'是信情乎？"北海若曰："夫自细视大者不尽②，自大视细者不明③。夫精，小之微也④；垺，大之殷也：故异便。此势之有也⑤。夫精粗者，期于有形者也；无形者，数之所不能分也；不可围者，数之所不能穷也。可以言论者，物之粗也；可以意致者，物之精也；言之所不能论，意之所不能察致者，不期精粗焉⑥。是故大人之行⑦：不出乎害人，不多仁恩；动不为利，不贱门隶；货财弗争，不多辞让；事焉不借人，不多食乎力⑧，不贱贪污⑨；行殊乎俗，不多辟异⑩；为在从众⑪，不贱佞谄⑫；世之爵禄不足以为劝⑬，戮耻不足以为辱⑭；知是非之不可为分，细大之不可为倪⑮。闻曰：'道人不闻⑯，至德不得⑰，大人无己。'约分之至也⑱。"

【译文】

河神说："世上议论的人们都说：'最细微的物体，是看不见其形状的；最大的物体，是无法度量其范围的。'此话是真实可信的吗？"海神说："从小的方面看大的东西，是看不完全的；从大的方面看小的东西，是看不分明的。精细之物，是小物中的微小之物；巨大之物，是大物中的大物。所以事物大小不同却各有各的相宜之处，这是势态发展的必然现象。所谓精微粗略之物，都是限于有形名之迹的东西；无形迹之物，是不能用度数划分的；无法范围其大小之物，是不能用度数衡量穷尽的。可以用言语谈论的事物，是事物中粗略的部分；只可以意识到而不能用言语谈论的事物，是事物中精微的部分；言语所不能谈论的，心

【注释】

①至精句：最精细的东西是没有形体的。

②自细视大：如人看宇宙。不尽：不见尽头。

③自大视细：如人看细菌。

④小之微：小中之微小。

⑤此势句：句谓大小的区别是事物势态所具有的。

⑥不期精粗：无须用精与粗去衡量。这里指的是玄妙的天道说的。期：待。

⑦大人：指得道的人。

⑧食乎力：自食其力。

⑨不贱句：不以贪污为卑贱。

⑩辟异：偏异，犹今说标新立异。

⑪从众：随俗。

⑫佞谄：用花言巧语向人献媚。

⑬世之句：封官加禄对他也不能起鼓励作用。劝：勉励。

意所不能达到的，是不能用精微和粗略来限定的事物。大人行动自然，不做危害人的事，也不赞许行仁施恩；大人做事并非为捞取私利，也不卑贱家奴；不与人争夺财物，也不赞许辞让财物给别人；做事不借别人之力，也不赞许自食其力的人，不卑贱贪图财物和借助他人之力办事的人；行为不同世俗，也不称赞邪僻乖异的行径；凡有所为，未曾专断，随从众人而已，但亦不卑贱奉承谄媚之人；世上的高官厚禄，不足以为勉励，而刑戮和罢黜，亦不足以为羞辱；知道是非的界限不好划分，大小的标准无法限定。听说：'得道之人，不著功名于世；至德之人，不期望有所得；大人方圆任物，物我两忘。'依照事物的限度，只做分内的事，就算达到了至德的境界。"

⑭戮耻：刑罚、耻辱。
⑮不可为倪：不能进行量度。
⑯道人句：得道的人不求名声。闻：闻名。
⑰至德句：道德最高尚的人不求有所得。
⑱约：约束，缩小。

【注释】

①恶至：何从，依据什么。
②以物二句：从一人一物看来，都把自身看做高贵，而把他人他物看做卑贱。
③以俗二句：以世俗的人的立场上看来，贵贱随人，人说贵就贵，人说贱就贱。
④知天地二句：意即可以推知天地亦如细米那么小，毫末也可以说如丘山那么大。
⑤差数睹：差别的分寸就清楚可见了。
⑥因其四句：从有效方面

【原文】

河伯曰："若物之外，若物之内，恶至而倪贵贱①？恶至而倪小大？"北海若曰："以道观之，物无贵贱；以物观之，自贵而相贱②；以俗观之，贵贱不在己③。以差观之，因其所大而大之，则万物莫不大；因其所小而小之，则万物莫不小。知天地之为稊米也，知毫末之为丘山也④，则差数睹矣⑤。以功观之，因其所有而有之，则万物莫不有；因其所无而无之，则万物莫不无⑥。知东西之相反而不可以相无⑦，则功分定矣。以趣观之，因其所然而然之，则万物莫不然；因其所非而非之，则万物莫不非。知尧、桀之自然而相非⑧，则趣操睹矣。昔者尧、舜让而帝⑨，之、哙让而绝；汤、武争而王，白公争而灭。由此观之，争让之礼，尧、桀之行，贵贱有时⑩，未可以为常也。梁丽可以冲城而不可以窒穴，言殊器也⑪；骐骥骅骝一日而驰千里，捕鼠不如狸狌，言殊技也；鸱鸺夜撮蚤⑫，察毫末，昼出瞋目而不见丘山⑬，言殊性也。故曰：盖师是而无非，师治而无乱乎⑭？是未明天地之理，万物之情者也。是犹师天而无地，师阴而无阳，其不可行明矣！然且语而不舍⑮，非愚则诬也⑯！帝王殊禅⑰，三代殊继。差其时⑱，逆其俗者，谓之篡夫⑲；当其时，顺其俗者，谓之义之徒。默默乎河伯⑳，女恶知贵贱之门，小大之家！"

【译文】

河神说："假若在物体的外表，假若在物体的内部，怎样来区分贵与贱，怎样来区分大与小呢？"海神说："用自然之道来看，万物原来并无贵贱之分；从万物的角度来看，都是自以为贵而以他物为贱的；用世俗之人的眼光来看，贵贱之权，并非自己所能掌握。按照万物之间存在的大小差别来看，从大的方面便以其为大，那么万物没有不是大的；从小的方面便以其为小，那么万物没有不是小的。知道天地虽大，而比起更大的东西，它也像稊米那样小；知道毫末虽小而比起更小的东西，它也像大山那样大，那么万物之间的数量差别也就可以看得清晰了。以事物具有的功能来看，从其有功能的角度去看便认为其有功能，那么万物没有不具有功能的；从其没有能功的角度去看便认为其没有功能，那么万物都不具有功能。知道东与西的方向相对立而又相互依存，那么事物的功能与分位便可以确定了。从人们对事物的趋向来看，顺着所肯定的方面而肯定它，万物没有不是正确的；顺着否定的方面而否定它，万物没有不是错误的。知道唐尧、夏桀各自为是而相互否定，人们的趋向和情操便可以看得清楚了。过去尧、舜禅让而称帝，燕王哙将王位禅让给子之，而燕国几乎灭绝；商汤伐桀、周武王伐纣，皆争战而称王；白公胜因争斗而灭亡。由此看来，争斗与禅让的礼法，唐尧与夏桀的作为，他们的高贵还是卑贱是因时而异的，没有一定的常规。梁栋之大可以用来冲击敌城，而不能用来堵塞鼠穴，是说其器用大小不同；良马骏驹，可以日驰千里，捕捉老鼠却不及野猫和黄鼠狼，是说它们技能不同；猫头鹰夜间能够撮取跳蚤，眼睛能够明察毫末之物，

说就样样都有效，从无效方面说就样样都没有效。

⑦知东西句：东与西是两个相反的方向，但两者又是相互依存的，没有东就没有西，没有西就没有东，相反相成，故不得相无。大小、有无也是一样。

⑧知尧句：自然，自以为然。相非，相对立。尧自以为对，桀也自以为对，但其实两者都是相对的。

⑨让而帝：因禅让而做了帝王。

⑩有时：有一定的时宜。意即因时势而不同。

⑪器：器具。殊器：指用场不同，所用的器具也不同。

⑫鸱鸺（chīxiū）：猫头鹰。

⑬瞋目：张大眼睛。

⑭盖师是二句：盖，通"盍"，何，怎能。而，则。师是，以是为师，认为正确是绝对可信的。师治，以治为师，认为安定是绝对可信的。

⑮然且句：但还要说来说去而不肯抛弃。

⑯诬：骗。

⑰帝：五帝。王：三王。殊禅：禅让的方式不同。

⑱差其时：不合时机。

⑲篡夫：篡权的家伙。如上文说的子之、白公。

⑳默默句：静一静吧河伯。意即叫河伯别乱说。

【注释】

① 何贵二句：衍，通"延"，发展。反衍，向相反方向发展，即今说转化。贵会转化为贱，贱会转化为贵。

② 何少二句：谢，"代谢"之"谢"，衰落，减少。施，移，转。

③ 严乎：俨然，庄重的样子。

④ 繇繇：通"悠悠"，自得的样子。社：土地神。

⑤ 泛泛二句：像天地的东南西北没有止境一样辽阔，毫无局限。泛泛，广阔的样子。

⑥ 兼怀三句：怀，容。孰，谁。承，受。翼，庇

白天它睁大眼睛而却看不见大山，是说其物性不同。俗话说：何不效法正确的而抛弃错误的，效法治理好的而抛弃混乱的呢？这是不明白天地间事物变化的道理，万物变化的实情。这好像是只效法天而抛弃地，只效法阴而抛弃阳一样，这种做法行不通是非常清楚的。然而世俗之人还不住口而四处游说，他不是愚昧就是欺骗人！古代帝王的禅让情形各不相同，夏商周三代相继承的情形亦各自相异。不合时宜，违背大众意愿而执政者，叫他为篡权的坏蛋！合于时宜，顺应民心而当政者，叫他为具有高尚道义的人！静默无言吧，河神！你哪里知道贵贱与大小的道理呢？"

【原文】

河伯曰："然则我何为乎？何不为乎？吾辞受趣舍，吾终奈何？"北海若曰："以道观之，何贵何贱，是谓反衍①；无拘而志，与道大蹇。何少何多，是谓谢施②；无一而行，与道参差。严乎若国之有君③，其无私德；繇繇乎若祭之有社④，其无私福；泛泛乎其若四方之无穷，其无所畛域⑤。兼怀万物，其孰承翼？是谓无方⑥。万物一齐，孰短孰长⑦？道无终始，物有死生，不恃其成。一虚一满，不位乎其形。年不可举，时不可止⑧。消息盈虚，终则有始。是所以语大义之方⑨，论万物之理也。物之生也，若骤若驰。无动而不变，无时而不移。何为乎，何不为乎？夫固将自化⑩。"

【译文】

河神说："那么我应当做什么呢？不应当做什么呢？我将如何辞让、接受、趋就和舍弃呢？我终究如何办呢？"海神说："用大道的观点来看，什么是贵什么是贱呢？可以说贵与贱是向反方向转化的；不要拘执你的心志，与大道相背离。何谓少何谓多？多少是相互转化的；不要偏执己见行事，而与大道不合。像国君

那样庄重威严,没有私爱之心;像祭祀的社神那样悠然自得,他对百姓并无一点私爱与赐福;像向外伸延的大地那样旷远无穷,四方没有界限。兼藏万物,谁会受到庇护?这可称为无所偏向。万物都一样,谁长谁短?大道没有终结与起始,万物都有生死的变化,即使一时有所成功也不足依靠。大道在一虚一盈地变化,并非拘守形体与名位。往昔的年月无法回转,流逝的时间无法留止。天地万物的消亡、生息、充盈、亏虚,都在终而复始地变化着。明白了以上的道理,才能谈论大道的深奥学问,研讨万物的自然规律。万物之生长,像马儿急驰,像马车疾行。万物没有什么举动不在变化,没有什么时候不在变化。应当做什么呢?不应当做什么呢?万物本来就在不断地变化。"

护。无方,没有定见,与"执一"意义相反。

⑦万物二句:一齐,齐一。孰,何。

⑧年不二句:举,提取。止,留。

⑨大义之方:大道的方向、原则。

⑩固:本来。自化:自行变化。

【原文】

河伯曰:"然则何贵于道邪?"北海若曰:"知道者必达于理,达于理者必明于权,明于权者不以物害己。至德者,火弗能热,水弗能溺,寒暑弗能害,禽兽弗能贼。非谓其薄之也①,言察乎安危,宁于祸福②,谨于去就,莫之能害也。故曰:'天在内,人在外,德在乎天③。'知天人之行④,本乎天⑤,位乎得,蹢躅而屈伸⑥,反要而语极⑦。"曰:"何谓天?何谓人?"北海若曰:"牛马四足,是谓天⑧;落马首,穿牛鼻,是谓人。故曰:'无以人灭天,无以故灭命,无以得殉名。谨守而勿失⑨,是谓反其真。'"

【注释】

①非谓句:薄,迫切,引申为触犯。

②宁于句:对祸福的来临冷静对待。

③天在三句:天性蕴藏在内心,人事表现在外表行动上,道德体现在天性上。

④天人:天与人,天性与人为。行:动,运动变化。

⑤本乎天:以天性为根本。

⑥蹢躅(zhízhú):进退不定的样子,或写作踯躅。

【译文】

河神说:"万物既然在自行变化,为何又贵重大道呢?"海神说:"明白大道的人必然通达道理,通达道理的人必然知道怎样应变,知道应变的人就不会因为外物而伤害自己了。有高尚道德修养的人,烈火不能烧伤他,大水不能淹死他,寒冷酷暑不能侵袭他，禽兽不能残害他。并不是说'至德者'逼近水火、寒暑、禽兽而能免受伤害，而是说他能明察安危，对穷塞与通达能安之若命，能谨慎对待进退，所以才没有什么能伤害他。古人说：'天性蕴藏在心内，人事显露在身外，品德之美，在于天然形成。'懂得自然与人类活动的规律，方能以顺应自然为根本，处于虚极而自得的境界，进退屈伸自如，返归大道之枢要而谈论大道的至理。"河神说："什么叫做天然？什么叫做人为？"海神说："牛与马天生就有四只脚，这就叫做天然；羁勒马头，贯穿牛鼻，这就叫做人为。古人说：'不要人为地做事而毁灭天性，不要有心而为而毁灭天理，不要为追求虚名而丧生。谨慎守住自然本性而不丧失，这就叫做返归纯真的本性。'"

【原文】

夔怜蚿，蚿怜蛇，蛇怜风，风怜目，目怜心。夔谓蚿曰："吾以一足趻踔而行①，予无如矣②。今子之使万足，独奈何？"蚿曰："不然③。子不见夫唾者乎？喷则大者如珠④，小者如雾，杂而下者不可胜数也。今予动吾天机⑤，而不知其所以然⑥。"蚿谓蛇曰："吾以众足行，而不及子之无足，何也？"蛇曰："夫天机之所动，何可易邪⑦？吾安用足哉！"蛇谓风曰："予动吾脊胁而行，则有似也⑧。今子蓬蓬然起于北海，蓬蓬然入于南海，而似无有，何也？"风曰："然，予蓬蓬然起于北海而入于南海也，然而指我则胜我，鰌我亦胜我⑨。虽然，夫折大木，蜚大屋者⑩，唯我能也。"故以众小不胜为大胜也。为大胜者，唯圣人能之。

【译文】

夔一足而羡慕马蚿多足，马蚿羡慕蛇无足而行，蛇羡慕风无形，风羡慕眼睛能明察万物，眼睛羡慕心灵能隐藏在内。夔问马蚿说："我用一只脚跳着行走，我不如你。现在，你使用众足行

【注释】

⑦要：本要。反要：归根返本。极：尽。语极：言语至此而尽，意即沉默无言，因为道是"言之所不能论"的。

⑧是谓天：这些是天然的禀赋。

⑨勿失：勿失上面所说的道理。意即叫人牢记。

【注释】

①趻踔（chěnchuō）：跳着走。

②无如：是"无如何"的省略，意即没有办法。

③不然：指万足并非是"使"的。

④喷：指猛力地咳唾。

⑤天机：天生的机能，本能。

⑥不知其所以然：意即只是像喷唾一样自然而动，并不晓得为什么会这样。

⑦夫天二句：本能的活动，哪能交换的呢？意即各有不同的本能。

走，究竟是怎样行走的呢？"马蚿说："不是这样。你没有看见唾沫的情景吗？唾沫喷出时大的如珠玉，小的如细雾，散杂而下，无法计算。现在，我启动天然的机能行走，并不知道为什么会这样。"马蚿问蛇说："我用众足行走，还不如你没有足行走得快，这是为什么呢？"蛇说："我依靠天然的机能行走，怎么能改变呢？我哪里要用脚行走呢！"蛇问风说："我启动我的脊柱和肋骨而行走，则还是像行走的样子。现在，你呜呜地从北海刮起，又呜呜地刮到南海，好像没有一点行迹，这是为什么呢？"风说："是这样。我呜呜地从北海刮起而刮到南海，然而人用手指阻挡我，我并不能吹断人的手指，人用脚踢踏我也不能吹断脚。虽然如此，折断大树，吹卷屋梁，只有我能做到。"所以，不与众小争胜，是为了取得大的胜利。能够做到无所不胜的，只有圣人能如此。

⑧予动二句：意谓好像有足行走一样。

⑨然而二句：但是有手有脚的指我、踏我，都能胜我。因为风是无法反抗的。鳅（qiū），通"蹎"，踏。

⑩蜚：通"飞"，刮起。

【原文】

孔子游于匡，宋人围之数匝，而弦歌不惙①。子路入见，曰："何夫子之娱也？"孔子曰："来，吾语女。我讳穷久矣②，而不免，命也；求通久矣③，而不得，时也④。当尧、舜而天下无穷人⑤，非知得也⑥；当桀、纣而天下无通人，非知失也⑦：时势适然⑧。夫水行不避蛟龙者，渔父之勇也⑨；陆行不避兕虎者⑩，猎夫之勇也；白刃交于前，视死若生者，烈士之勇也；知穷之有命，知通之有时，临大难而不惧者，圣人之勇也。由，处矣⑪！吾命有所制矣⑫！"无几何，将甲者进⑬，辞曰："以为阳虎也，故围之；今非也，请辞而退。"

【译文】

孔子游宦到卫国匡地，卫国人把他包围数层，而孔子却照样弹琴吟唱不停下来。子路进屋拜见，说："先生为什么这样快乐

【注释】

①惙（chuò）：通"辍"，止。

②讳：忌，担忧。

③通：顺利，得意。

④时：时势。指求通不得是时势造成的。

⑤当：遇上。尧、舜，指尧、舜的时代。下"桀、纣"同。

⑥非知句：并非尧、舜时代的人用智慧所取得的。知，通"智"。

⑦知失：才智不足而失误。

呢?"孔子说:"过来,我告诉你。我忌讳窘困已经很久了,却不能摆脱,是命运不好吧!我追求通达已经很久了,却一直未能实现,是时运不好啊!在尧、舜的时代,天下没有困窘不得志的人,并非因为他们智慧超群;在桀、纣的时代,天下没有通达得意的人,并非因为他们智慧低下:是时代形势造成的。在水中行走不躲避蛟龙,是渔夫的勇敢;在陆地上行走不躲避兕与虎,是猎人的勇敢;刀剑横交眼前,视死若生,是壮烈之士的勇敢;明白困窘不得志是命运的安排,明白通达得志是时机使然,遇到大难而不惧怕,是圣人的勇敢。子路,你就安然处之吧!我的命运对我有所制约啊!"没有多久,率兵的首领走进来,辞谢说:"我们错误地以为你是阳虎,所以把你围起来;现在你既然不是阳虎,请让我表示歉意解围而去。"

【注释】

⑧时势适然:碰上时运。适,遇。
⑨蛟:属龙而无角。渔父:渔夫。
⑩兕(sì):雌的犀牛。
⑪处矣:安居吧。意即叫子路不要担心。
⑫有所制:指被天命所支配,故应听天由命。
⑬将:率领。将甲者:率领甲士的将官。

①穷众句:使众人的口才都无法施展。辩,口才。
②至达:最通达。
③汒:通"茫"。异之:对它感到惊奇。
④论:谈论,指口才。
⑤喙(huì):嘴。
⑥方:术,办法。
⑦跳梁:同跳踉,即跳跃。井干:井栏。
⑧休:止。甃(zhòu):砌井壁用的砖。
⑨还:回顾。虷(hán):蚈蛤之类。一说虷蟹即子孓。

【原文】

公孙龙问于魏牟曰:"龙少学先王之道,长而明仁义之行;合同异,离坚白;然不然,可不可;困百家之知,穷众口之辩①:吾自以为至达已②。今吾闻庄子之言,汒然异之③。不知论之不及与④?知之弗若与?今吾无所开吾喙⑤,敢问其方⑥。"公子牟隐机大息,仰天而笑曰:"子独不闻夫坎井之蛙乎?谓东海之鳖曰:'吾乐与!出跳梁乎井干之上⑦,入休乎缺甃之崖⑧。赴水则接腋持颐,蹶泥则没足灭跗。还虷蟹与科斗⑨,莫吾能若也⑩。且夫擅一壑之水,而跨跱坎井之乐,此亦至矣。夫子奚不时来入观乎?'东海之鳖左足未入,而右膝已絷矣。于是逡巡而却,告之海曰:'夫千里之远,不足以举其大;千仞之高,不足以极其深。禹之时,十年九潦,而水弗为加益;汤之时,八年七旱,而崖不为加损。夫不为顷久推移,不以多少进退者,此亦东海之大乐也。'于是坎井之蛙闻之,适适然惊,规规然自失也。且夫知不知是非之竟,而犹欲观于庄子之言,是犹使蚊负山,商蚷驰河也，必不胜任矣。且夫知不知论极妙之言，而自适一时之利者，是非坎井之蛙与？且彼方趾黄泉而登大皇，无南无北，奭然四解，沦于不测；无东无西，始于玄冥，反于大通。子乃规规然而求之以察，索之以辩，是直用管窥天，用锥指地也，不亦小乎？子往矣！且子独不闻夫寿陵余子之学行于邯郸与？未得国能，又失其故行矣，直匍匐而归耳。今子不去，将忘子之故，失子之业。"公孙龙口呿而不合，舌举而不下，乃逸而走。

【译文】

公孙龙问魏牟说："我少年时代学习先王的主张，长大后懂得仁义道德；持同异相合、坚白相离之论；能把不是说成是，不可说成可；使百家的智士感到困惑，使众多善辩之口感到理屈词穷，我自认为自己是最通达的了。现在我听到庄子的言论，茫然失措，感到非常奇异。不知道是我的辩论才能不及他呢，还是我的智慧不如他呢？现在我已经无法开口了，请问这是什么道理。"公子牟倚靠几案叹息，仰面朝天而嗤笑说："你难道没有听说浅井中的青蛙吗？它对东海里的鳖说：'我太快乐啦！出来腾跳在井栏上，进去休息在破损的井壁边；跳进水中，水便托住我的两腋和面颊；踏进泥中，烂泥便埋上脚并盖上脚背。回顾水中的孑孓、小蟹与蝌蚪，都不能像我这样快乐。我独占一坑之水，而盘踞浅井的快乐，这也算得上是最大的快乐了。你为什么不经常到井中看看呢？'东海的大鳖左脚尚未进到井里，而右膝已经被井口绊住。于是小心地把腿退出井口，把大海的情状告诉井蛙：'千里之远，不足以形容它的博大；千仞之长，不能够量尽它的渊深。夏禹的时代，十年有九年发生洪涝，海水并没有因此增加；商汤的时代，八年有七年旱灾，海水的水位并未因此而降低。并不随着时间的推移而发生变化，不因为雨量多少而水位升降，这也就是东海的最大快乐。'于是浅井中的青蛙听到这番话，

⑩"莫吾"句：是"莫能若吾也"的宾语前置，意谓没有谁能像我那样。

⑪擅：独占。壑（hè）：坑。

⑫跱跱（zhì）：叉开腿立着。

⑬至：指乐之至，最大的快乐。

⑭夫子：称东海之鳖。时：时时，常。

⑮絷（zhí）：绊住。

⑯逡巡：迟疑徘徊的样子。

⑰举：称，形容。

⑱极：尽，量尽。

⑲潦：同涝，雨大水淹。

⑳多少：指雨水的多少。进退：指水位的升降。

㉑适（tì）适然：惊惧的样子。

㉒规规然：局促的样子。自失：指自己感到不如人。

㉓前一个"知"字，通"智"，智力。

㉔奭（shì）：借为释。释然，毫无阻碍的样子。四解：四面通达。

㉕沦：入。不测：指不可测的深度。

便惊恐不安，茫然不知所措。智慧尚且不能明白是非的界限，而竟想观察庄子的至理之言，这就好像驱使蚊虫背负山丘，马蚿虫奔驰于河海，必然是不能胜任的。智慧尚且不能谈论精妙的理论，而自快于一时的口舌之利，这不就像浅井之蛙一样吗？庄子的学说正可以俯蹈黄泉之下，仰登苍天之上，无论南北，四面畅达，不可测量；无论东西，始于无极，返归于虚寂的大道。你却不辞辛苦地用洞察万物的眼光去探求它，用雄辩争胜的尺度去求索它，你这就像是用竹管窥视苍天，用铁锥尖测量大地，不是太渺小了吗？你离开这里吧！你难道没有听说燕国寿陵的少年到赵国都城邯郸去学习步法吗？没有学到邯郸人的步法，又忘掉自己原来走路的步法，只能爬着回到燕国去。现在你不快点走开，将会忘掉你原来的学业。"公孙龙张开嘴合拢不上，抬起舌头不能放下，逃遁而去。

【注释】

㉖无东无西：王念孙认为应作"无西无东"，"东"与下文"通"押。

㉗始：开头。玄冥：微妙的境界。

㉘索：求。辩：善辩。

㉙故行：原来行路的本领。

㉚直：只能。匍匐：爬行。

①濮(pú)水：在今河南省范县。

②楚王：楚威王。使：派使。先：先去传达楚王的意思。

③累：拖累，麻烦。

④竿：钓竿。不顾：不回头，不理睬。

⑤神龟：龟壳用来占卜，决事神灵，故称"神龟"。

⑥笥(sì)：竹箱。巾笥：装进竹箱，再用巾包起来。

【原文】

庄子钓于濮水①。楚王使大夫二人往先焉②，曰："愿以境内累矣③！"庄子持竿不顾④，曰："吾闻楚有神龟⑤，死已三千岁矣。王巾笥而藏之庙堂之上⑥。此龟者，宁其死为留骨而贵乎？宁其生而曳尾于涂中乎？"二大夫曰："宁生而曳尾涂中。"庄子曰："往矣！吾将曳尾于涂中。"

【译文】

庄子在濮水垂钓。楚王派两位大臣先去致意，说："楚王愿将国家政务委托给你！"庄子手持钓竿，专心钓鱼，不屑一顾，说："我听说楚国有一个神龟，已经死掉三千年了，楚王把它包上巾布装在竹箱里，珍藏在庙堂中。这个龟，是宁肯死而留下骨壳显示贵重呢，还是宁愿活着而拖着尾巴在泥中呢？"两位大臣说："宁愿活着而拖着尾巴在泥中。"庄子说："你们走吧！我将愿活着而拖着尾巴在泥中。"

【原文】

惠子相梁，庄子往见之。或谓惠子曰①："庄子来，欲代子相。"于是惠子恐②，搜于国中三日三夜③。庄子往见之，曰："南方有鸟，其名为鹓鶵④，子知之乎？夫鹓鶵发于南海而飞于北海，非梧桐不止，非练实不食⑤，非醴泉不饮⑥。于是鸱得腐鼠⑦，鹓鶵过之⑧，仰而视之曰：'吓！'今子欲以子之梁国而吓我邪？"

【译文】

惠施做了魏国的国相，庄子去看望他。有人告诉惠施说："庄子到魏国来，想取代你做宰相。"于是惠施非常害怕，在都城搜索三天三夜。庄子前往看望他，说："南方有一种鸟，它的名字叫鹓鶵，你知道吗？鹓鶵从南海起飞飞到北海去，不是梧桐树不栖息，不是竹子的果实不吃，不是甜美如醴的泉水不喝。在此时猫头鹰拾到一只腐臭的老鼠，鹓鶵鸟从它面前飞过，猫头鹰仰头看着鹓鶵，发出'吓'的怒斥声。现在你也想用你的魏国来怒斥我吧？"

【原文】

庄子与惠子游于濠梁之上。庄子曰："鯈鱼出游从容①，是鱼之乐也。"惠子曰："子非鱼，安知鱼之乐？"庄子曰："子非我，安知我不知鱼之乐？"惠子曰："我非子，固不知子矣；子固非鱼也，子之不知鱼之乐，全矣②！"庄子曰："请循其本③。子曰'汝安知鱼乐'云者，既已知吾知之而问我。我知之濠上也④。"

【注释】

①或谓句：庄子未到惠子处，就有人对惠施说。或，有人。

②恐：指怕庄子取代自己的相位。

③搜：查捕。

④鹓鶵（yuānchú）：像凤凰一类的鸟。

⑤练：或作"竹"字。

⑥醴泉：味道甘美如甜酒的泉水。

⑦鸱：即鸱鹰，这里比喻惠施。腐鼠：腐烂的死老鼠，比喻相位。

⑧鹓鶵句：比喻庄子到梁国。

【注释】

①鯈（tiáo）鱼：俗称苍条鱼，身窄小而有条纹。从容：自得的样子。

②全矣：完全如此。意即无可辩驳。

③本：始，指开头的话题。

④我知句：意谓我是在濠梁上知道的。

【译文】

　　庄子与惠施在濠水的桥上漫游。庄子说:"白鲦鱼在河水中游得多么悠闲自得,这是鱼的快乐。"惠施说:"你不是鱼,怎么知道鱼的快乐呢?"庄子说:"你不是我,怎么知道我不知道鱼的快乐呢?"惠施说:"我不是你,固然不知道你;你本来就不是鱼,你不知道鱼的快乐,是可以肯定的!"庄子说:"请返回你问我的本来之意。你说'你哪儿知道鱼快乐'的话,说明你已经知道我知道鱼快乐而在问我。我是在濠水的桥上知道的。"

达 生

【原文】

达生之情者①，不务生之所无以为②；达命之情者，不务知之所无奈何③。养形必先之以物④，物有余而形不养者有之矣。有生必先无离形，形不离而生亡者有之矣。生之来不能却，其去不能止。悲夫！世之人以为养形足以存生，而养形果不足以存生，则世奚足为哉⑤！虽不足为而不可不为者，其为不免矣！夫欲免为形者⑥，莫如弃世。弃世则无累，无累则正平⑦，正平则与彼更生⑧，更生则几矣⑨！事奚足弃而生奚足遗⑩？弃事则形不劳，遗生则精不亏⑪。夫形全精复⑫，与天为一⑬。天地者，万物之父母也。合则成体，散则成始。形精不亏，是谓能移⑭。精而又精，反以相天。

【译文】

通晓生命实情的人，不去做对性命无用的事；通晓性命实情的人，不去做对性命无能为力的事。保养形体，先要具备物资条件；物资有余，而不能保养形体的人却是有的。保住生命，必须先使形体不要离去；可是形体没有离去，生命已经死亡的人也是有的。生命的降临是无法拒绝的，它的死亡也是无法挽留的。真是可悲啊！世俗之人认为保养形体就可以保住生命，而保养形体果真不能保住生命，那世俗之人还有什么值得做的呢？虽然没有什么值得做，也不得不去做，他们做事是不可避免的。要想避免为形体操劳，不如抛弃世事。抛弃世事，就没有外物牵累；没有牵累，就心正气平；心正气平，就能与造化一同推移变化；能与自然一起变化新生，就接近大道了。世事为何值得抛弃，而生命

【注释】

①达：明白。生：生命，此指养生。

②务：求。生：性。所无以为：无法做到的。

③知：通"智"。所无奈何：无能为力的。

④物：物质条件，如衣食等。

⑤则世句：在社会上做事本来是为了谋生，而养形不足以存生，因而何必去管世务！

⑥为形：谋生。

⑦正平：指心性纯正平和。

⑧彼：指形体。更生：新生。

⑨几：近。指近于"免为形"。

⑩事：世事。遗：忘怀。

⑪精不亏：精神不会消耗。

⑫夫形全句：形体不劳累，故健全；精神不消耗，故恢复如初。

⑬为一:结合一体。
⑭移:变。能移:指能随天地更生变化。

为何值得遗忘呢?抛弃世事,形体就不会劳累;遗忘生命,精神就不会亏损。形体得到保全,精神得到恢复凝聚,就能与自然融为一体。天地是万物生长、繁衍的父母,天地阴阳二气结合就形成万物的形体,阴阳二气离散就又复归于无物之初。形体与精神不亏损,这叫做能够随着自然变化而更新。养精之至,反过来便能辅助大自然的化育。

【注释】

①至人:指得道的人。
②万物之上:最高处。
③知:通"智"。列:类。
④先:指物之先,物产生之前,即虚无状态。与下句"色"对举。
⑤造:塑造,产生。不形:没有形体的,指道。
⑥止:终。
⑦是:此,指上述万物为道所生,而又终返于道这种反复循环的道理。穷:通"晓"。
⑧端:尽头。无端之纪:即循环之理。
⑨壹其性:使心性纯一。
⑩养其气:保养纯正之气。
⑪合其德:使德性与天道相合。
⑫物之所造:即造物者,亦即是道。

【原文】

子列子问关尹曰:"至人潜行不窒①,蹈火不热,行乎万物之上而不栗②。请问何以至于此?"关尹曰:"是纯气之守也,非知巧果敢之列③。居,予语女。凡有貌象声色者,皆物也,物与物何以相远!夫奚足以至乎先④!是色而已。则物之造乎不形⑤,而止乎无所化⑥。夫得是而穷之者⑦,物焉得而止焉!彼将处乎不淫之度,而藏乎无端之纪⑧,游乎万物之所终始。壹其性⑨,养其气⑩,合其德⑪,以通乎物之所造⑫。夫若是者,其天守全,其神无郤⑬,物奚自入焉!夫醉者之坠车⑭,虽疾不死⑮。骨节与人同而犯害与人异,其神全也⑯。乘亦不知也,坠亦不知也,死生惊惧不入乎其胸中,是故遻物而不慴。彼得全于酒而犹若是,而况得全于天乎?圣人藏于天⑰,故莫之能伤也。复仇者,不折镆干;虽有忮心者,不怨飘瓦,是以天下平均⑱。故无攻战之乱,无杀戮之刑者,由此道也。不开人之天,而开天之天⑳。开天者德生㉑,开人者贼生㉒。不厌其天,不忽于人,民几乎以其真㉓。"

【译文】

列子问关尹说:"至人潜入水中行走不会窒息,脚踩在烈火中不感到灼热,临高险之地而不战栗。请问怎样才能达到这样的境界呢?"关尹说:"这是能够持守纯和元气的缘故,并非靠智巧、果敢之类。坐下,我告诉你。凡有形貌、迹象、声音、色彩的东西，都是物。皆为物，它们为何差别甚远呢！为何有的先到面前呢？这都是由于物的形貌、色彩所致。物是由无形的大道所造成，在没有变化的状态下才静止。能够明白此道而穷尽此理的人，外物怎么能阻止他进入这种境界呢？他将处于大道的限度内，而藏身于无首无尾的大道之中，游于万物所借以终、借以始之处，纯一其性，保养其元气，与自然天德相合，与生成万物的大道相通。像他这样的人，他的自然天性就能保持完全，他的精神就不会有亏损，外物又怎能侵入呢！喝醉酒的人从车上颠坠到地上，虽被摔伤却不会死。他的骨节与人相同，而受到的伤害却与人不同，是因为他精神没有亏损的原因。他既不知道是乘坐在车上，也不知道是坠跌在地上，死与生、惊与惧，都不能进入心中，所以他撞到外物并不恐惧。醉酒者靠酒获得神全尚能如此，何况靠自然之道获得神全的'至人'呢？圣人藏身在自然之中，所以外物不能伤害他。被干将、镆铘所伤害的复仇者，他并不会去折断它们；虽然是存有嫉恨之心的人，也不会怨恨无心飘落而伤害他的瓦片，这样天下就太平宁静了。没有攻城野战的祸乱，没有残害杀戮的刑罚，就是由于保持这无心的自然之道。不要开启人心之窦，而要开启自然之门。开启自然之门则有益于人生，开启人的心智之窦则有害于人生。不要厌恶自然变化，不要忽视人性的伸展，人差不多就可以返璞归真了！"

⑬郄：通"隙"，漏洞。
⑭坠车：从车上跌下来。
⑮"虽疾"句：虽然会跌伤，但不会致死，即比常人伤势轻些。
⑯全：健全，指无心于生死得失。
⑰藏于天：居心于天道。
⑱平均：平等。意指人人平等相待。
⑲此道：指无心无为之道。
⑳不开二句：意谓不要导致人为造成的情势，而要顺应自然的情势。
㉑德生：养成良好的道德。生，养成。
㉒贼生：产生残害的心肠。
㉓真：天性。以其真：按着他们天真的本性行事。

【原文】

　　仲尼适楚，出于林中，见痀偻者承蜩①，犹掇之也②。仲尼曰："子巧乎③，有道邪？"曰："我有道也。五六月累丸二而不坠，则失者锱铢；累三而不坠，则失者十一④；累五而不坠，犹掇之也。吾处身也⑤，若厥株拘⑥；吾执臂也⑦，若槁木之枝⑧。虽天地之大，万物之多，而唯蜩翼之知。吾不反不侧，不以万物易蜩之翼，何为而不得！"孔子顾谓弟子曰："用志不分，乃凝

【注释】

①痀偻（gōulóu）：或作伛偻，驼背。承：通"拯"，引取。
②犹掇句：说明他粘蝉十分熟练。掇，拾取。
③巧：纯熟。

④累三,即"累丸三"之省。下句"累五"亦同。十一:十分之一。说明失败的更少了。

⑤处身:运身。指承蜩时身体的动作。

⑥橛(jué):通"橜"。橜株:树墩。拘(jū):止。

⑦执:持,控制。

⑧槁木:枯干的树。

⑨丈人:古代对老年人的尊称。

于神。其痀偻丈人之谓乎⑨!"

【译文】

　　孔子前往楚国,经过树林,看见一个驼背的老人在持竿粘蝉,好像用手拾取一样容易。孔子说:"你真灵巧啊,有技艺吗?"驼背老人说:"我有技艺。在竹竿上累两个弹丸,经过五六个月的练习就不会掉下来,在粘蝉时失误就很少了。在竹竿上累三个弹丸而不掉下来,在粘蝉时的失误只有十分之一。在竹竿上累五个弹丸而不掉下来,粘蝉就好像用手拾取一样。我立定身躯,就像竖起的树根那样静止不动。我用臂持竿,就像枯木的树枝。虽然天地博大,万物种类繁多,而我只知道有蝉翼。我的身臂绝无变动,不会因为纷杂的万物改变对蝉翼的专注,为什么得不到蝉呢?"孔子回头对弟子说:"精神凝聚,用心专一而不分散。这就是说驼背老人的吧!"

【注释】

①渊:深水的地方。觞深:渊名。按下文称"津人",可见也是渡口。

②津人:撑渡船的人。操舟:撑船。

③数(shuò):速。数能:很快就会。

④没人:善于潜水的人。便:轻巧。

⑤不吾告:不告吾。指津人答非所问。

⑥敢问句:问津人所说的是什么意思。

【原文】

　　颜渊问仲尼曰:"吾尝济乎觞深之渊①,津人操舟若神②。吾问焉曰:'操舟可学邪?'曰:'可。善游者数能③。若乃夫没人,则未尝见舟而便操之也④。'吾问焉而不吾告⑤,敢问何谓也⑥?"仲尼曰:"善游者数能,忘水也⑦;若乃夫没人之未尝见舟而便操之也,彼视渊若陵,视舟之覆,犹其车却也。覆却万方陈乎前而不得入其舍,恶往而不暇!以瓦注者巧⑧,以钩注者惮⑨,以黄金注者殙⑩。其巧一也,而有所矜⑪,则重外也。凡外重者内拙。"

【译文】

　　颜渊问孔子说:"我曾经渡过叫觞深的深水,船夫撑船像神人般的灵巧。我问他说:'撑船可以学习吗?'他说:'可以学习。会游泳的人，经过数次练习，就能学会撑船。至于那会潜水的人，虽未曾见过船，也会熟练地撑船。'我问他为什么，他不告诉我。请问，他的话是什么意思？"孔子说："会游泳的人，经过几次练习就能学会撑船，是因为他能忘记水会淹人。至于那会潜水的人未曾看见船就会撑船，是因为他看见深水犹如陆地上的小丘陵一样，看见船倾覆水中犹如车子从高坡上向后倒退一样。千万种翻船、却车的情景呈现在眼前，都不会扰乱他的心灵，做什么不闲适自得呢？用瓦片来做赌注，心计便灵巧；用银锞做赌注，心里便惧怕；用黄金做赌注，心智便昏乱。赌者的心智是一样的，而因为对银锞、黄金较贵重之物有所顾惜，心思就过多地转移到外物。凡是注重外物的人，他内在的心思就笨拙。"

⑦忘水：不把水放在心上。因为熟悉水性。

⑧注：赌博所投下的钱或物品。巧：轻快。因为输了也只不过是瓦片，故心里没有半点负担。

⑨钩：银锞。

⑩殙(hūn)：心绪紊乱的样子。

⑪矜(jīn)：慎重，拘谨。

【原文】

田开之见周威公，威公曰："吾闻祝肾学生①，吾子与祝肾游，亦何闻焉？"田开之曰："开之操拔篲以侍门庭②，亦何闻于夫子③！"威公曰："田子无让，寡人愿闻之。"开之曰："闻之夫子曰：'善养生者，若牧羊然，视其后者而鞭之。'"威公曰："何谓也？"田开之曰："鲁有单豹者④，岩居而水饮，不与民共利⑤，行年七十而犹有婴儿之色，不幸遇饿虎，饿虎杀而食之。有张毅者，高门县薄⑥，无不走也，行年四十而有内热之病以死⑦。豹养其内而虎食外，毅养其外而病攻其内。此二子者，皆不鞭其后者也⑧。"仲尼曰："无入而藏⑨，无出而阳⑩，柴立其中央⑪。三者若得⑫，其名必极。夫畏涂者⑬，十杀一人⑭，则父子兄弟相戒也，必盛卒徒而后敢出焉，不亦知乎！人之所取畏者⑮，衽席之上⑯，饮食之间，而不知为之戒者，过也！"

【注释】

①学生：学习养生之道。

②篲(huì)：扫帚。操拔篲：做扫地的工作，意即当学徒。

③夫子：先生。

④单(shàn)豹：姓单名豹，鲁国隐士。

⑤共利：同利。

⑥高门：富豪之家。县：通"悬"。县薄：垂帘。

⑦内热之病：指为谋利而烦闷引起心火过旺而成的病。

⑧皆不句：都是顾头不顾尾、顾得不顾失的人。鞭，策励。

【译文】

田开之拜见周威公，威公说："我听说祝肾学习养生之道，你在他那里游学，有什么听闻吗？"田开之说："我操持扫帚，侍候门户，洒扫庭前而已，怎么敢问先生之道呢？"威公说："你不要谦虚，我希望听到养生的道理。"开之说："我听先生说：'善于养生的人，像牧羊那样，看见落后的羊便挥鞭赶它。'"威公说："此话是什么意思？"田开之说："鲁国有个名叫单豹的人，在山中岩洞里居住，饮用泉水，不与人争利。七十岁了脸色还像婴儿那样，不幸遭遇到饥饿的老虎，饿虎就把他咬死而吃掉了。还有个名叫张毅的人，无论大户和小户，没有不去看望他的，四十岁时患了心火疾病，死掉了。单豹养其内德，而饿虎从其外身吃掉他；张毅养其身外名利，而疾病攻其内心而致死。这两个人，都是不知鞭其不足的人。"孔子说："不要深入岩穴而隐藏自己，不要出处世俗而显露自己，像枯木一样树立在这两者之间，既不隐藏，也不显露。假若能够做到以上三点，他的养生名声就达到了。艰险多盗的道路，有十人经过那里，就有一人被杀掉，因此父子兄弟相互警戒，必须成群结队而后才敢通过，这不是很聪明的吗？人最可怕的，是卧席上的纵欲，饮食上的失度，而不知对它们有所警戒，是很大的过错啊！"

【原文】

祝宗人玄端以临牢笑说彘，曰："汝奚恶死①！吾将三月豢汝②，十日戒，三日齐，藉白茅③，加汝肩尻乎雕俎之上，则汝为之乎？"为彘谋曰："不如食以糠糟而错之牢笑之中。"自为谋，则苟生有轩冕之尊，死得于腞楯之上、聚偻之中则为之。为彘谋则去之④，自为谋则取之，所异彘者何也⑤！

【译文】

祭祀官穿着礼服、戴着礼帽来到猪圈，对猪说："你为何怕死呢？我将用三个月喂养你，十天一戒，三天一斋，铺上白茅草

---

⑨入而藏：深深地隐藏起来，如单豹。

⑩阳：外露，出而阳，太过出头露面，如张毅。

⑪柴立：像木头一样站立，表示无心。

⑫三者：指前面说的三句话。得：办得到。

⑬畏涂：害怕路途不平安。涂，通"途"。

⑭十杀句：假如途中发生十人中有一人被杀害。

⑮取：江南古藏本作"最"。

⑯衽(rèn)席：睡觉用的席子。衽席之上：指色欲之事。

【注释】

①汝：指猪。

②豢(huàn)：养。

③十日三句：齐，通斋(zhāi)。斋戒是祭祀的人为了表示自己洁净清白的一种仪式。斋戒期间不饮酒、不食肉等。藉白茅，用白茅来做垫子，以表示洁净。

席，把你的肩和臀部放在雕有花纹的祭器上，那么你愿意这样做吗？"替猪着想，说："不如吃食糟糠，关在猪圈里。"替自己着想，希望活着享有乘车戴冕的尊位，死后能装在绘着纹彩的柩车和棺椁里也愿意。为猪着想就抛弃那些，为自己着想便获取那些，其不同于猪是什么道理呢？

【原文】

桓公田于泽①，管仲御②，见鬼焉。公抚管仲之手曰③："仲父何见？"对曰："臣无所见。"公反，诶诒为病④，数日不出。齐士有皇子告敖者，曰："公则自伤，鬼恶能伤公！夫忿滀之气，散而不反，则为不足；上而不下，则使人善怒；下而不上，则使人善忘；不上不下，中身当心，则为病。"桓公曰："然则有鬼乎？"曰："有。沈有履⑤。灶有髻⑥。户内之烦壤⑦，雷霆处之⑧；东北方之下者倍阿，鲑蠪跃之；西北方之下者，则泆阳处之⑨。水有罔象⑩，丘有莘⑪，山有夔⑫，野有彷徨⑬，泽有委蛇。"公曰："请问委蛇之状何如？"皇子曰："委蛇，其大如毂⑭，其长如辕⑮，紫衣而朱冠。其为物也恶⑯，闻雷车之声则捧其首而立。见之者殆乎霸。"桓公觏然而笑曰⑰："此寡人之所见者也。"于是正衣冠与之坐，不终日而不知病之去也⑱。

【译文】

齐桓公在草泽中打猎，管仲给他驾车，齐桓公看见了鬼怪。齐桓公拉着管仲的手说："仲父看见了什么？"管仲回答说："我没有看见什么。"齐桓公回到宫中，疲惫困怠而生病，数日不出宫门。齐国有个贤士名叫皇子告敖的人，告诉齐桓公说："你是自己伤害自己，鬼怪哪里能伤害你！胸气郁滞，散发而不返，便造成精神委靡不振；郁结之气上攻头部而不下通，便会使人易怒；郁结之气下通而不返上，便会使人易忘；郁结之气在体内不

【注释】

④去：抛弃。之：指代白茅、雕俎。下句的"之"字指代得虚荣而死。

⑤所异句：意即和猪一样蠢。

【注释】

①田：打猎。

②御：驾车。

③公抚句：表现了桓公惊慌的状态。

④诶诒(xīyí)：呻吟声。

⑤沈：污水积聚的地方。履：鬼名。

⑥灶：通"灶"。髻(jì)：灶神，传说穿红衣，形状如美女。

⑦烦壤：尘土积聚的地方。

⑧雷霆：鬼名，或以声大得名。

⑨泆(yì)阳：神名，传说头如豹，尾如马。

⑩罔象：水神名。传说状如小儿，赤黑色，赤爪，大耳，长臂。

⑪莘(shēn)：怪兽，形状如狗，有角，身上有五彩花纹。

⑫夔(kuí)：一只脚的野兽。

⑬彷徨：形状如蛇，两个头，色五彩。

⑭毂(gǔ)：车轮中心套轴的部件。

⑮辕(yuán)：车辕子，车前驾牲畜的部分。

⑯恶：丑陋。

⑰觼(zhěn)然：大笑的样子。

⑱不终日：不到一天。

上不下，积淤心内，便要生病。"桓公说："那么究竟有没有鬼呢？"皇子说："有！水下污泥中有鬼叫履，灶有神叫髻。门户内堆积的粪壤，名叫雷霆的鬼居住在那里；东北角的墙下，倍阿和鲑蠪鬼在那里跳跃；西北角的墙下，泆阳鬼住在那里。水里有鬼怪叫罔象，丘陵中有鬼叫峷，高山中有木石妖怪叫夔，野外有鬼叫彷徨，草泽里有鬼叫委蛇。"桓公说："请问委蛇的形状是什么样子？"皇子说："委蛇的形状，它身大像车轮，身长像车辕，身穿紫衣而头戴红帽。它作为怪物，最讨厌听到如雷的车声，两手捧着头站立着。看见它的人恐怕就要成为霸主了。"桓公大笑说："这就是我所见到的鬼怪！"于是，桓公整理好衣帽，与皇子坐在一起谈话，不到一天的时间，他的病就不知不觉地好了。

【原文】

纪渻子为王养斗鸡。十日而问："鸡已乎①？"曰："未也，方虚憍而恃气②。"十日又问，曰："未也，犹应向景。"十日又问，曰："未也，犹疾视而盛气③。"十日又问，曰："几矣，鸡虽有鸣者，已无变矣④，望之似木鸡矣，其德全矣⑤。异鸡无敢应者⑥，反走矣。"

【注释】

①鸡已乎：鸡可以参加斗打了吗？

②恃气：凭着意气。

③疾视：憎恶而视。盛气：怒气。表现斗志昂扬。

④无变：不动声色。表明已经没有斗心。

⑤望之二句：像木鸡一样静寂淡漠，可算是德性完美了。

⑥异鸡：别的鸡。

【译文】

纪渻子为齐王饲养斗鸡。过了十天，齐王问："鸡可以斗了吧？"纪渻子答道："不能，正在虚浮矜骄，而自恃意气呢！"十天后，齐王又问，纪渻子说："不能，听见鸡叫之声，看见鸡的身影，还能产生想斗的反应。"十天后，齐王又问，纪渻子说："不能，还是顾视疾速，斗气旺盛。"十天后，齐王又问，纪渻子说："差不多了，虽然有的鸡鸣叫欲斗，它却没有一点变化，看上去呆若木鸡，它的德性完备了。别的鸡没有敢与它应战的，见到它就回头跑掉了。"

【原文】

孔子观于吕梁，县水三十仞①，流沫四十里②，鼋鼍鱼鳖之所不能游也③。见一丈夫游之，以为有苦而欲死也④。使弟子并流而拯之。数百步而出⑤，被发行歌而游于塘下。孔子从而问焉，曰："吾以子为鬼，察子则人也。请问：蹈水有道乎？"曰："亡，吾无道。吾始乎故，长乎性，成乎命。与齐俱入⑥，与汩偕出⑦，从水之道而不为私焉⑧。此吾所以蹈之也。"孔子曰："何谓始乎故，长乎性，成乎命？"曰："吾生于陵而安于陵，故也；长于水而安于水，性也⑨；不知吾所以然而然，命也⑩。"

【译文】

孔子在吕梁观赏风光，瀑布从三十仞高处落下，激流浪花飞溅长达四十里，鼋、鼍、鱼、鳖都不敢在这里游荡。孔子看见一个成年男子在这激流中游泳，以为他有难言之痛想死呢。便让弟子顺水傍流，去拯救他。那男子在激流中游数百步浮出水面，披头散发，边游边唱，游到岸下。孔子于是便问他，说："我以为你是鬼呢，仔细看才知道你是人。请问，游泳有方法吗？"男子说："没有，我没有什么方法。我开始本于自然，长成于习性，完成于自然规律。与旋涡一起游入水中，与上涌的激流一起浮出水面，随着激流的变化规律而不以个人的心意妄动。这就是我之所以能够在这激流里游泳的原因。"孔子说："什么叫始于习性，完成于自然规律呢？"男子说："我生在山陵而安心于山陵，这就叫做安于故常；我长在水边而习于水边，这就叫习而成性；我不知道为何这样做而去做了，这就叫顺应自然规律。"

【注释】

①县：通"悬"。县水：指水从上直流而下，似从上挂下来。

②流沫：飞流溅沫。

③鼋（yuán）：鳖的一种。鼍（tuó）：俗叫猪婆龙，鳄鱼的一种。

④欲死：指想投水而死。

⑤出：浮出水面。指所见丈夫。

⑥齐：通脐，水漩洄而下时，形状像肚脐，故称。

⑦汩（gǔ）：上涌的潾洄。

⑧道：流动的规律。不为私：不按自己的私意动作。

⑨长于二句：在水上长大，又安于水上的生活。这是培养出来的性能。

⑩不知二句：水上活动已经完全成为自然，如同命中固有的本性一样。

【注释】

① 梓(zǐ)：管木工的官。庆：名。鐻（jù）：通"簴"，一种悬挂钟磬等乐器的木架子，上面雕刻着鸟兽等装饰图像。

② 耗气：损耗神气。

③ 齐：通"斋"，斋戒。下同。

④ 而不敢句：说明无心于功名利禄。庆，庆贺。

⑤ 不敢句：对别人的非议与称赞，对自己做得精巧还是笨拙都不去想它。意即无心于是非美恶。

⑥ 无公朝(cháo)：无心于公事。

⑦ 骨：通"滑"，乱。消：亡，排除。

⑧ 不然：指找不到天性形躯。

【原文】

梓庆削木为鐻①，鐻成，见者惊犹鬼神。鲁侯见而问焉，曰："子何术以为焉？"对曰："臣，工人，何术之有！虽然，有一焉：臣将为鐻，未尝敢以耗气也②，必齐以静心③。齐三日，而不敢怀庆赏爵禄④；齐五日，不敢怀非誉巧拙⑤；齐七日，辄然忘吾有四枝形体也。当是时也，无公朝⑥。其巧专而外骨消⑦，然后入山林，观天性形躯，至矣，然后成见鐻，然后加手焉，不然则已⑧。则以天合天，器之所以疑神者，其是与！"

【译文】

梓庆削木做悬挂钟磬的架子，悬挂钟磬的木架已经做成，看见的人都惊叹他为鬼斧神工。鲁侯看见后问梓庆，说："你用什么技术做成的呢？"梓庆答道："我呀，不过是一个工匠之人，有什么技术呢！虽然这么说，还是有一点可以谈谈。我将要做鐻的时候，从未敢耗费神气，一定要斋戒使心清静下来。斋戒三天，不敢怀有获得庆贺、奖赏、赐爵、俸禄的想法；斋戒五天，不敢怀有得到非议、赞誉和做工精巧、拙劣的念头；斋戒七天，就会忘记我还有四肢形体。正当这时，我心中已经不存在公室和朝廷，我智巧专一而扰乱心神的外物完全消释。然后我就走进山林，观察树木的天然性质，寻找到形体适合的树木，随之好像做成的鐻的形象便呈现在眼帘，接着就着手做鐻；假若看不到此种景象，就不着手做鐻。我的自然合木质的自然，鐻做成后便被人疑是鬼斧神工，这里就含有此等深意吧！"

【注释】

① 规：木匠画圆圈用的工具。

【原文】

东野稷以御见庄公，进退中绳，左右旋中规①。庄公以为文弗过也。使之钩百而反②。颜阖遇之③，入见曰④："稷之马将败。"公密而不应⑤。少焉⑥，果败而反。公曰："子何以知之？"曰："其马力竭矣而犹求焉，故曰败。"

②钩：弯形，作动词用，兜圈的意思。反：通"返"。
③遇之：指碰见东野稷在那里御马兜圈。
④入见：入见庄公。
⑤密：默。
⑥少焉：一会儿。

【译文】

东野稷因善于驾车见到庄公，他驾起车子，前后进退像绳子那样直，左右旋转像规画圆那样圆。庄公认为造父也不能超过他，让他驾车转一百个圈而后返回。颜阖看见此情，入内拜见庄公说："东野稷的马车表演将要失败。"庄公沉默而不作声。过了一会儿，东野稷的表演果然失败而返回。庄公问颜阖说："你为什么事先就知道他会失败呢？"颜阖说："他的马气力已经使尽，而他还是驱赶它，所以我说他会失败。"

【原文】

工倕旋而盖规矩①，指与物化而不以心稽②，故其灵台一而不桎③。忘足，履之适也；忘要，带之适也；知忘是非，心之适也；不内变，不外从，事会之适也④；始乎适而未尝不适者，忘适之适也。

【注释】

①旋：画圈。规矩：偏义复词，只取规义。
②指与句：手指动作随着所造的器物而变化，而根本不用思索。说明他熟练得很。
③故其句：灵台，心。桎，通"窒"。句谓他心性纯一而通达。
④不内变三句：心神如一，不追随外物，遇事就可以顺心应手。事会，遇事。适，合。

【译文】

工倕用手指画图能与用规和矩所画相符合，他的手指能随物象的变化而变化，而不必用心思考，所以他的心灵专一而不受拘束。忘掉脚，穿鞋子就会感到舒适；忘掉腰，系腰带就会感到舒适；能够忘掉是非，内心就会感到舒适；不改变内心的持守，不受外物的影响，遇事就能安适。本性安适而未曾有何不安适，便是忘掉安适的安适。

【原文】

有孙休者，踵门而诧子扁庆子曰①："休居乡不见谓不修②，

【注释】

①踵门：古人相见，需经

临难不见谓不勇③。然而田原不遇岁④，事君不遇世⑤，宾于乡里⑥，逐于州部⑦，则胡罪乎天哉⑧？休恶遇此命也？"扁子曰："子独不闻夫至人之自行邪？忘其肝胆，遗其耳目⑨，芒然彷徨乎尘垢之外⑩，逍遥乎无事之业⑪，是谓为而不恃，长而不宰。今汝饰知以惊愚，修身以明污⑫，昭昭乎若揭日月而行也⑬。汝得全而形躯，具而九窍，无中道夭于聋盲跛蹇而比于人数亦幸矣⑭，又何暇乎天之怨哉⑮！子往矣！"孙子出，扁子入。坐有间，仰天而叹。弟子问曰："先生何为叹乎？"扁子曰："向者休来，吾告之以至人之德，吾恐其惊而遂至于惑也。"弟子曰："不然。孙子之所言是邪，先生之所言非邪，非固不能惑是；孙子所言非邪，先生所言是邪，彼固惑而来矣，又奚罪焉！"扁子曰："不然。昔者有鸟止于鲁郊，鲁君说之，为具太牢以飨之，奏九韶以乐之。鸟乃始忧悲眩视，不敢饮食。此之谓以己养养鸟也。若夫以鸟养养鸟者，宜栖之深林，浮之江湖，食之以委蛇，则安平陆而已矣⑯。今休，款启寡闻之民也⑰，吾告以至人之德，譬之若载鼷以车马⑱，乐鴳以钟鼓也⑲，彼又恶能无惊乎哉⑳！"

第三者介绍或引进，如亲自叩门求见就叫踵门。
诧(chà)：惊讶而问。
②见：通"现"，显露，出名。
③临难句：遇上危难而不站出来，可以说就是不勇敢的。
④田原：指田原耕作。
⑤不遇世：没有遇上圣君明主的时代。
⑥宾：通"摈"。宾于乡里：在乡里被抛弃。
⑦州部：州邑。
⑧胡：何。
⑨忘其二句：意谓不顾形体，不求聪明。
⑩芒：通"茫"。芒然：无知的样子。彷徨：放纵行走的样子。尘垢之外：指一种清净的境界。
⑪无事：即无为。
⑫今汝二句：知，通"智"。饰智，美化自己的心智。惊愚，令愚顽的人有所惊觉醒悟。明污，把污秽的东西揭露出来。二句都指以教育者自居。
⑬昭昭：光明显露的样子。揭：举。揭日月而行：比喻炫耀自己。

[译文]

有个名叫孙休的人，走到扁庆子门前告诉他说："我居住乡里，没有人说我没有修养；遇到危难，没有人说我不勇敢。然而，我耕地却遇不到丰年，为国君做事却遇不到圣明的时代，被乡里人排斥，被州邑的官吏驱逐，我什么地方得罪了上天吗？我为什么遇到此等命运呢？"

扁子说："你难道没有听说得道之人的自我修养吗？'至人'能忘记自己的肝胆耳目，无知无识地放纵在世俗之外，自由自在地以无为为事业，这便叫率性而为而并不自恃其能，长育万物而并不以主宰自居。如今你修饰智慧而惊吓俗愚，修养自身来显明别人的污秽，明亮的样子像高举日月而行于世。你能保全你的形体，具备九窍，没有在人生中途伤残于耳聋、目盲、跛腿而列于常人的行列，也就算幸运了，又怎么能有闲暇怨恨天呢？你走吧！"

孙休走出门去，扁子进入室内。坐了一会，仰天而叹。弟子问道："先生为什么叹息呢？"扁子说："刚才孙休来的时候，我把'至人'的品德告诉他，我怕他感到震惊，以至于更加迷惑。"弟子说："不能这样说。孙休所说是对的吗？先生所说是错的吗？错误本来就不能使正确迷惑。孙休所说是错的吗？先生所说是对的吗？他本来就是有迷惑才来求教你，你又有什么过错呢？"

扁子说："不能这样说。从前，有一只鸟飞到鲁国京城的郊外，鲁国的国君非常喜欢这只鸟，就设置'太牢'款待它，演奏《九韶》乐曲使它快乐。鸟只是眼花缭乱，忧愁悲伤，不敢饮食。这叫做以自己的生活方式来养鸟。假若用养鸟的方式养鸟，让鸟栖息在深林中，浮游在江湖里，喂食泥鳅，就像生活在陆地上而已。如今的孙休，是开窍甚小而孤陋寡闻的人。我告诉他'至人'的品德，就像用马车载小老鼠，用钟鼓之声让鹌雀快乐那样，他又怎么能不惊惧呢？"

⑭于：借为吁(è)。夭于：夭折。蹇(jiǎn)：跛脚。比：列。比于人数：算作人。

⑮何暇：哪来得及。天之怨：即怨天，宾语前置。

⑯平陆：原野。安平陆：放之于原野。

⑰款：小孔。启：开。款启：打开一个小孔。犹言一管之见。

⑱鼷(xī)：小老鼠。

⑲乐：作动词用。鹌(yàn)：同鷃，小雀名。

⑳彼：指小老鼠与小雀。

杂 篇

盗跖（节选）

【原文】

孔子与柳下季为友，柳下季之弟名曰盗跖。盗跖从卒九千人①，横行天下，侵暴诸侯。穴室枢户②，驱人牛马，取人妇女。贪得忘亲，不顾父母兄弟，不祭先祖。所过之邑，大国守城，小国入保③，万民苦之。孔子谓柳下季曰："夫为人父者，必能诏其子④；为人兄者，必能教其弟。若父不能诏其子，兄不能教其弟，则无贵父子兄弟之亲矣。今先生，世之才士也，弟为盗跖，为天下害，而弗能教也，丘窃为先生羞之。丘请为先生往说之⑤。"柳下季曰："先生言为人父者必能诏其子，为人兄者必能教其弟，若子不听父之诏，弟不受兄之教，虽今先生之辩⑥，将奈之何哉？且跖之为人也，心如涌泉⑦，意如飘风⑧，强足以距敌，辩足以饰非。顺其心则喜，逆其心则怒，易辱人以言⑨。先生必无往。"孔子不听，颜回为驭，子贡为右，往见盗跖。

【注释】

①从卒：跟随跖的起义者。

②穴：作动词，穿破。室枢户：室之枢户。枢，门轴。穴室枢户，与下句"驱人牛马"同一句法。

③保：通"堡"，小城。入保，说明小国的统治者龟缩自保。

④诏：教导。

⑤说（shuì）之：说服盗跖。

⑥辩：善辩，口才。

⑦涌泉：形容心血横流。

⑧意如句：即意气风发。

⑨易辱句：轻易地用语言侮辱人，即骂人。

【译文】

孔子与柳下季为朋友，柳下季的弟弟名叫盗跖。盗跖的随从士卒有九千人，横行天下，侵犯诸侯。穿墙入室、挖掉门户，驱掠牛马，抢走妇女。贪财忘亲，不顾及父母兄弟，不祭祖先。他所经过的地方，大国守护城池，小国退守城堡，千万人民遭受痛苦。孔子对柳下季说："作为父亲，必然能教育自己的儿子；作为兄长，必然能教育自己的弟弟。假若父亲不能教育自己的儿子，兄长不能教育自己的弟弟，那父子兄弟的亲情就没有什么可贵了。如今先生你，是当世的贤能之人，弟弟是盗跖,成为天下的祸害,而不能给予管教,我孔丘替先生感到羞辱。"柳下季说:"先生说作为父亲必然能教育自己的儿子,作为兄长必然能教育自己的弟弟,假若儿子不听从父亲的教育,弟弟不接受兄长的教诲,虽然如今天先生这样善辩,又能对他怎么样呢?况且,跖的为人,心血横溢而不可遏止,意气飘荡而不可测定,强悍足能抗敌,善辩足能掩盖错误。顺他的心意则欢喜,违背他的心意则发怒,容易用语言侮辱人。先生一定不要去。"孔子没有听从柳下季的劝告,颜回驾车,子贡骖右,去会见盗跖。

【注释】

①休卒徒:叫士兵休息。

②脍(kuài):细切。"铺"(bǔ):食。

③谒(yè)者:接待的人。

④将军:对跖的称呼。

⑤入通:进去向跖报告。

⑥目如二句:眼睛像明星一样炯炯有光,头发竖起来把帽子都撑住。

⑦巧伪:狡猾虚伪。

⑧胁:身体两边肋骨之后。

⑨多辞:啰啰唆唆。缪:通"谬"。缪说:胡言乱语。

⑩擅生是非:专门造谣生事。擅,专。

⑪反:通"返"。本:本性。

【原文】

盗跖乃方休卒徒大山之阳①,脍人肝而铺之②。孔子下车而前,见谒者曰③:"鲁人孔丘,闻将军高义④,敬再拜谒者。"谒者入通⑤。盗跖闻之大怒,目如明星,发上指冠⑥,曰:"此夫鲁国之巧伪人孔丘非邪⑦?为我告之:尔作言造语,妄称文、武,冠枝木之冠,带死牛之胁⑧,多辞缪说⑨,不耕而食,不织而衣,摇唇鼓舌,擅生是非⑩,以迷天下主之,使天下学士不反其本⑪,妄作孝弟,而侥幸于封侯富贵者也⑫。子之罪大极重,疾走归!不然,我将以子肝益昼铺之膳。"

【译文】

盗跖正在泰山南边休整士卒,把人肝切细而食。孔子下车走向前去,见到接待人员说:"鲁国人孔丘,听说将军有高尚道义,敬请阁下传达我的来意。"接待人进去通报。盗跖听说孔子来见便大怒,眼睛睁大像明星那样闪闪发光,头发竖起冲冠,说:"这就是鲁国的善于弄虚作假的孔丘,不是吗?替我告诉他:你伪造语言,随意称说周文王、周武王的典章制度,头上戴着华饰繁多如树木枝叶的帽子,系着用死牛皮做的大革带,满口繁词谬说，不耕种而素餐，不纺织而穿好衣，摇唇鼓舌，制造是非，用来迷惑天下君主，使天下读书人不能恢复自然本性，虚伪地称说孝悌，想侥幸封侯而成为富贵之人。你的罪恶极大而应加重惩处，快点滚回去！不然的话，我将把你的肝挖出来增加午餐的膳食。"

⑫侥幸：希望获得意外成功。

【原文】

孔子复通曰："丘得幸于季，愿望履幕下。"谒者复通。盗跖曰："使来前！"孔子趋而进，避席反走①，再拜盗跖。盗跖大怒，两展其足，案剑瞋目，声如乳虎②，曰："丘来前！若所言顺吾意则生，逆吾心则死。"

【注释】

①避席：离开所到席位。反走：退步而走。表示谦让。

②乳虎：哺乳期间的雌虎。

【译文】

孔子再次请求通见说："我孔丘有幸能够亲近柳下季，希望能够一登你的帐幕之下。"接待人又去通报。盗跖说："让他进来！"孔子快步走进帐幕，让开坐席，退行几步，再次向盗跖行礼。盗跖大怒，两腿伸直岔开而坐，手按腰剑并睁圆双眼，声如母虎般地吼叫起来，说："孔丘到前边来！你所说的话，合我的心意你就活着，违背我的心意你就得死。"

【原文】

孔子曰："丘闻之，凡天下有三德：生而长大①，美好无双，少长贵贱见而皆说之，此上德也；知维天地②，能辩诸物③，此中德也；勇悍果敢，聚众率兵，此下德也。凡人有此一德者，足以南面称孤矣④。今将军兼此三者，身长八尺二寸，面目有光，唇如激丹，齿如齐贝，音中黄钟⑤，而名曰盗跖，丘窃为将军耻不取焉⑥。将军有意听臣，臣请南使吴越，北使齐鲁，东使宋卫，西使晋楚，使为将军造大城数百里，立数十万户之邑，尊将军为

【注释】

①长(cháng)大：高大。

②维：包罗。维天地：形容知识广博。

③辩：通"辨"，分析。诸物：各种事物。

④南面称孤：做国君。因为国君接见臣下时南

诸侯,与天下更始⑦,罢兵休卒,收养昆弟,共祭先祖。此圣人才士之行,而天下之愿也⑧。"

【译文】

孔子说:"我听说,大凡天下人有三种美德:身材高大魁梧,英俊漂亮,无人可比,无论少年老人、贵人奴仆看见都很喜欢,这是上等的品德;智识包罗天地,才能可以辨识一切事物,这是中等的品德;勇武、强悍、果断、无畏,能够聚集民众和率领士兵,这是下等的品德。大凡人有此三种品德中的一种,就足以南面称王了。如今将军兼此三种品德,身长八尺二寸,面容和双目闪闪有光,嘴唇像丹砂那样鲜红明亮,牙齿像列贝那样整齐,声音像黄钟那样洪亮,而名字却叫盗跖,我暗为将军羞耻,认为不应有此恶名。将军若有意听从我的劝说,请让我南边出使吴、越,北边出使齐、鲁,东边出使宋、卫,西边出使晋、楚,派人为将军营造数百里的大城,确立数十万户人家的封邑,尊称将军为诸侯,给天下除旧布新,罢除兵戈,休养士卒,收养兄弟,供祭祖先。这才是圣人贤士的作为,天下人的心愿。"

【原文】

盗跖大怒曰:"丘来前!夫可规以利而可谏以言者,皆愚陋恒民之谓耳。今长大美好,人见而悦之者,此吾父母之遗德也①。丘虽不吾誉,吾独不自知邪?且吾闻之,好面誉人者②,亦好背而毁之。今丘告我以大城众民,是欲规我以利而恒民畜我也,安可久长也!城之大者,莫大乎天下矣。尧、舜有天下,子孙无置锥之地;汤、武立为天子,而后世绝灭。非以其利大故邪③?且吾闻之,古者禽兽多而人少,于是民皆巢居以避。昼拾橡栗④,暮栖木上,故命之曰'有巢氏之民'。古者

向而坐,自称为孤。
⑤中(zhòng):合。黄钟:六律中比较洪亮的音调。
⑥窃:暗暗。耻:感到羞耻。不取:指不选择做盗跖的道路。
⑦更始:变化。与天下更始,与天下的潮流相一致。
⑧孔子以上一番说教,成为历代统治者对人民起义军的招安伎俩。

【注释】

①遗德:遗传的品性。
②面誉:当面说好话。
③非以句:说明占有利益太多就会被人谋算。
④橡(xiàng)栗:橡子,栎树的果实,可充饥。
⑤炀(yàng):烧火取暖。
⑥神农三句:居居,安稳的样子。于于,混混沌沌。

民不知衣服，夏多积薪，冬则炀之⑤，故命之曰'知生之民'。神农之世，卧则居居，起则于于⑥。民知其母，不知其父⑦，与麋鹿共处，耕而食，织而衣，无有相害之心。此至德之隆也⑧。然而黄帝不能致德⑨，与蚩尤战于涿鹿之野⑩，流血百里。尧、舜作⑪，立群臣⑫，汤放其主⑬，武王杀纣⑭。自是之后，以强凌弱，以众暴寡。汤、武以来，皆乱人之徒也。今子修文、武之道⑮，掌天下之辩，以教后世。缝衣浅带，矫言伪行⑯，以迷惑天下之主，而欲求富贵焉。盗莫大于子，天下何故不谓子为盗丘，而乃谓我为盗跖？子以甘辞说子路而使从之⑰，使子路去其危冠，解其长剑，而受教于子。天下皆曰'孔丘能止暴禁非'⑱，其卒之也⑲，子路欲杀卫君而事不成，身菹于卫东门之上，是子教之不至也⑳。子自谓才士圣人邪，则再逐于鲁，削迹于卫，穷于齐，围于陈蔡㉑，不容身于天下。子教子路菹㉒。此患，上无以为身，下无以为人㉓，子之道岂足贵邪？世之所高㉔，莫若黄帝。黄帝尚不能全德㉕，而战涿鹿之野，流血百里。尧不慈㉖，舜不孝㉗，禹偏枯㉘，汤放其主，武王伐纣，文王拘羑里。此六子者㉙，世之所高也。孰论之㉚，皆以利惑其真而强反其情性㉛，其行乃甚可羞也。世之所谓贤士：伯夷、叔齐。伯夷、叔齐辞孤竹之君，而饿死于首阳之山，骨肉不葬㉜。鲍焦饰行非世，抱木而死。申徒狄谏而不听，负石自投于河，为鱼鳖所食。介子推至忠也，自割其股以食文公。文公后背之，子推怒而去，抱木而燔死。尾生与女子期于梁下㉝，女子不来，水至不去，抱梁柱而死。此六子者，无异于磔犬流豕、操瓢而乞者㉞，皆离名轻死，不念本养寿命者也㉟。世之所谓忠臣者，莫若王子比干、伍子胥。子胥沉江㊱，比干剖心㊲。此二子者，世谓忠臣也，然卒为天下笑。自上观之㊳，至于子胥、比干，皆不足贵也。丘之所以说我者，若告我以鬼事，则我不能知也㊴；若告我以人事者，不过此矣㊵，皆吾所闻知也。今吾

⑦"民知"二句：那时是母系社会，故知母不知父。
⑧隆：盛。至德之隆：最高尚的道德。
⑨致德：做到至德。
⑩蚩尤：原始时代部落首领之一。涿鹿：在今河北省涿县。
⑪作：指称帝。
⑫立群臣：设立百官。这只是传说。尧、舜时未有国家，那时的首领不同于后代的君臣。
⑬汤放句：商汤王起兵讨伐夏桀王，桀流窜于南巢，如同流放，故云。
⑭武王句：周武王伐商纣王，纣烧死在鹿台。
⑮文、武之道：周文王、武王的政治礼制。
⑯矫言伪行：言行造作虚伪。
⑰甘辞：甜言蜜语。从之：指听从孔丘。
⑱止暴禁非：禁止残暴、错误的行为。
⑲卒：后来，结果。
⑳不至：不成功。
㉑围于陈蔡：在陈国与蔡国间曾遭到围困。

㉒教:令,使得。
㉓此患三句:这种恶果,首先危及自身,其次危及别人。此,指孔子的主张。
㉔高:推崇。
㉕全德:指具有完美的道德。
㉖尧不慈:传说尧杀长子考监明。
㉗舜不孝:舜不能服侍父母,而且没有禀告父母就自行结婚。这些都是以奴隶、封建社会的道德标准去看尧、舜的表现。尧、舜时代根本没有孝慈等观念。
㉘偏枯:过分劳苦。指禹为治水而奔波。
㉙六子:尧、舜、禹、汤、文、武。
㉚孰:通"熟"。孰论:认真说来。
㉛惑:迷惑。其真:他们的本性。反:违背。情性:指所谓天然的本性。
㉜骨肉不葬:尸体无人埋葬。
㉝尾生:人名。
㉞无异句:磔(zhé)犬,被抛弃在野外的死狗。流豕,漂流在江河里的死猪。操瓢而乞,拿着瓢讨饭。

告子以人之情:目欲视色,耳欲听声,口欲察味,志气欲盈㊶。人上寿百岁,中寿八十,下寿六十,除病瘦死丧忧患㊷,其中开口而笑者,一月之中不过四五日而已矣。天与地无穷,人死者有时。操有时之具㊸,而托于无穷之间㊹,忽然无异骐骥之驰过隙也。不能说其志意、养其寿命者,皆非通道者也。丘之所言,皆吾之所弃也。亟去走归,无复言之!子之道狂狂汲汲㊺,诈巧虚伪事也,非可以全真也㊻,奚足论哉!"

【译文】

盗跖大怒说:"孔丘到前边来!可以用利禄规劝、用语言谏诤的,都是愚昧浅陋的常人。如今我高大魁梧、英俊美好,人们看见都喜欢,这是我父母遗留下来的美德。你孔丘虽然不赞美我,我自己难道还不明白吗?我曾听说,喜欢当面夸奖别人的人,也喜欢背后诋毁别人。现在,你孔丘告诉我,要为我建造大城而会聚民众,是想用利益规劝我,这是用对待常人的态度对待我,哪里可以长久呢!最大的城郭,也没有比天下再大了。尧、舜拥有天下,子孙竟没有立锥之地;商汤、周武王做了天子,后代灭绝而没有继承人。这不是因为他们贪求占有大利吗?我曾听说,古代禽兽很多而人烟稀少,于是百姓就在树上筑巢而居,以躲避禽兽的伤害。他们白天拾取橡树的果实而食,夜晚住在树上,所以称他们为'有巢氏之民'。古代的百姓不知道穿衣服,夏天多积柴草,冬天便用来烧水取暖,所以称他们为'知道生存之民'。神农时代,百姓歇卧时非常清闲安静,行动时非常优游自得。人只知有母亲,不知有父亲,和麋鹿一起生活,耕种而食,织布而穿衣,相互间没有伤害之心。这个时代道德最高尚。然而黄帝没有达到道德高尚的境界,与蚩尤在涿鹿的郊野作战,血流百余里。尧、舜称帝,设立百官,商汤王流放夏桀,周武王杀死纣王。从此之后,便强大欺凌弱小,众多侵害寡少。商汤、周武以来，都属于篡逆一类的人。如今你研究周文王、周武王的治国策略，掌管天下的舆论，用来教育后代人民。你穿着宽而长大的儒服，系着宽大的腰带，假言伪行，来欺骗天下的君主，妄想以此得到富贵。作为盗贼没有比你再大的了，世人为何不叫你为盗丘，却称我为盗跖？你用甜言蜜语说服子路让他服从你。让子路取下高冠，解下佩剑，接受你的教诲。世人都说孔丘能够消除暴力、禁绝不轨，而结果呢，子路想杀死卫君没有成功，自身却在卫国都城东门之上被剁成肉酱，这就是你教育得不好了。你不是自称为贤能、圣哲嘛！却两次被驱逐出鲁国，不敢再去卫国，在齐国弄得走投无路，在陈国与蔡国之间曾遭到围困，无法容身于世。你教育子路而他竟遭杀身之祸，你上无法立身，下无法做人，你的学说有何可贵呢？世人所推尊的，莫过于黄帝。黄帝尚且不能保持高尚的自然德行，而征战于涿鹿的郊野，血流百余里。尧不能慈爱，舜不能孝敬，禹半身不遂，商汤流放了君主，周武王伐纣，周文王曾被殷纣王关押在羑里监狱。这六个人，都是世人所推尊的。详细评论，他们皆因为追求功利迷惑了本性而硬是违反了自然的性情。就以世人所称道的贤人伯夷、叔齐而言，他们相互辞让孤竹国的君位，而饿死在首阳山上，尸体无人埋葬。鲍焦伪装清高，非议世事，抱树而枯死。申徒狄因进谏不被采纳，便抱石自投河中，让鱼鳖吞吃掉。介子推对待晋文公极为忠诚，割下大腿的肉给文公吃。晋文公即位后却背弃了介子推，介子推大怒而逃离山中，抱树不出而被烧死。尾生与一女子在桥下约会，那女子没有按时赴约，河水涌来而尾生却不离开，抱着桥柱被水淹死。这六个人，与肢体被分解用来祭神的狗和漂流在河水中的死猪、持瓢乞讨的乞丐没有什么不同，都是些重名轻死，不顾归本养生、寿尽天年之徒。世人所称道的忠臣，莫过于王子比干和伍子胥了。伍子胥被抛尸沉入江中，比干被剖心而死。这两个人，世人称为忠臣，然而最后竟为天下人所讥

㉟皆离二句：离，通"罹"。罹名，被追求名声的思想所蒙蔽。念本，顾念自己的本性。

㊱子胥沉江：伍子胥被抛尸沉入江中。

㊲比干剖心：比干被剖心而死。

㊳自上句：从上述黄帝等十二人看来。

㊴不能知：表示不信鬼神。

㊵此：指上述历史上的各种人物、事件。

㊶盈：充沛。

㊷瘦：也是病的意思。

㊸操：掌握。有时之具：指人的形体。

㊹无穷之间：指天地。

㊺汲汲：急于追求的样子。

㊻全真：保养天真的本性。

笑。从上述黄帝等人的情况来看，以至于伍子胥和比干，都是没有什么值得可贵的。你孔丘所用来说服我的，如若告诉我离奇鬼怪之事，我是不知道的；如若告诉我黄帝等人世间的事情，不过如此而已，都是我耳闻知道的。现在，我告诉你人的常情：眼睛想看到颜色，耳朵想听到声音，嘴想品尝饮食的滋味，志气想充沛。人生在世高寿者不过百岁，中寿八十岁，低寿六十岁，除去疾病、死丧、忧患的时间，其中开口而欢笑的时候，一个月之中不过四五天罢了。天长地久没有穷尽，人之死生时间有限。以有限之身躯，寄托于无穷之境，无异于骐骥驰过隙穴，很快就会消失。不能愉悦其意志、颐养其寿命的人，都不是通达大道的人。你孔丘所谈论之事，都是我吐弃的糟粕。你赶快离开而去，不要再唠叨了！你的主张都是失性损德、巧诈虚伪的，并不能保全自然本性，有什么值得谈论的呢？"

【注释】

①执辔三失：三次拿马缰绳都拿不稳。说明孔子精神恍惚不定。
②芒：通"茫"。
③据：依靠。轼：车前横木。据轼：扶靠着车前横木。
④不能出气：说明紧张得连气都喘不过来。

【原文】

孔子再拜趋走，出门上车，执辔三失①，目芒然无见②，色若死灰，据轼低头③，不能出气④。

【译文】

孔子一再行礼而快步离开，出门坐车时，手拿马缰绳，几次掉落在地上，眼睛模糊，看不见东西，面如死灰一般，扶着车轼，低着头，呼吸不畅。

【注释】

①今者：近来。阙：缺，不在。
②有行色：有点像走过路的样子。

【原文】

归到鲁东门外，适遇柳下季。柳下季曰："今者阙然①，数日不见，车马有行色②，得微往见跖邪③？"孔子仰天而叹曰："然！"柳下季曰："跖得逆汝意若前乎④？"孔子曰："然。丘所谓无病而自灸也⑤。疾走料虎头⑥，编虎须，几不免虎口哉！"

【译文】

孔子回到鲁国都城的东门外,恰巧遇见柳下季。柳下季说:"近来不在,数日没有看见了,看你的车马好像是外出刚归的样子,是不是去见盗跖了?"孔子仰天而慨叹说:"是的。"柳下季说:"像我先前所说那样,跖违背你的心意了吧?"孔子说:"是的。我这叫做没有病而引艾火自灼。我跑去撩拨虎头,编理虎须,差点没有被老虎吃掉啊!"

③微:无。得微:莫非。

④若前:如我前面所说的那样。

⑤灸:"针灸"的"灸"。无病自灸,说明无端生事找苦吃。

⑥疾走:急忙跑去。料(liáo):通"撩",挑弄。

渔 父

【原文】

孔子游乎缁帷之林①,休坐乎杏坛之上②。弟子读书,孔子弦歌鼓琴。奏曲未半,有渔父者,下船而来,须眉交白,被发揄袂③,行原以上,距陆而止④,左手据膝,右手持颐以听⑤。曲终而招子贡、子路二人俱对⑥。客指孔子曰:"彼何为者也?"子路对曰:"鲁之君子也。"客问其族⑦。子路对曰:"族孔氏。"客曰:"孔氏者何治也?"子路未应,子贡对曰:"孔氏者,性服忠信⑧,身行仁义,饰礼乐⑨,选人伦⑩。上以忠于世主,下以化于齐民⑪,将以利天下。此孔氏之所治也。"又问曰:"有土之君与⑫?"子贡曰:"非也。""侯王之佐与⑬?"子贡曰:"非也。"客乃笑而还行⑭,言曰:"仁则仁矣,恐不免其身⑮。苦心劳形以危其真。呜呼!远哉,其分于道也。"

【译文】

孔子在一个枝叶茂郁的树林游览,坐在长着许多杏树的土坛上休息。弟子们在读书,孔子在弹琴吟唱。奏曲没有一半,有位捕鱼老人下船走过来。老人胡须与眉毛俱白,披发扬袖,沿着水泽岸边而上,走到高地便停下脚步,左手按着膝盖,右手托着下巴,听孔子弹琴吟唱。等孔子弹奏完毕,渔父用手招呼子贡和子路过来,二人一起回答了渔父的问话。渔父指着孔子说:"他是做什么的?"子路答道:"他是鲁国的君子。"渔父问孔子的姓氏。子路答道:"他姓孔氏。"渔父说:"孔氏此人做什么事业?"子路没有回答,子贡回答道:"孔子此人,本性信守忠信,身体力行仁义,修治礼乐,序定人伦关系。对上忠于国君,对下教化

【注释】

①缁(zī):黑。或因丛林幽暗密茂如帷幕,故称为缁帷之林。

②杏坛:坛名,在鲁东门外。

③被:通"披"。被发:散发。揄(yú):挥。袂(mèi):袖。

④"行原"二句:距,至。陆高于原,故先行原而后距陆。

⑤持:撑。颐(yí):面颊。

⑥俱对:一齐来对话。

⑦族:氏族,指姓。

⑧性服忠信:用心于忠信。性,心。服,用。

⑨饰礼乐:以礼乐进行修饰,如《论语》说的"文之以礼乐"。

⑩人伦:指人与人关系的准则。

⑪齐民:平民。

⑫有土之君:指国君,因为国君是土地的占有者。

平民，将以此造福天下。这就是孔氏所做的事业。"渔父又问说："孔氏是有土地的君主吗？"子贡说："不是。"渔父又问说："是侯王的辅臣吗？"子贡说："不是。"渔父大笑，转身便走，说道："孔氏讲仁也算仁了，恐怕不能免除身遭祸害。内心愁苦，形体劳累，便要危害其真性了。呜呼！他离大道，太遥远了！"

【原文】

子贡还，报孔子。孔子推琴而起，曰："其圣人与？"乃下求之，至于泽畔，方将杖拏而引其船①，顾见孔子，还乡而立。孔子反走，再拜而进。客曰："子将何求？"孔子曰："曩者先生有绪言而去，丘不肖，未知所谓，窃待于下风②，幸闻咳唾之音③，以卒相丘也④。"客曰："嘻！甚矣，子之好学也！"孔子再拜而起，曰："丘少而修学，以至于今，六十九岁矣，无所得闻至教，敢不虚心！"客曰："同类相从，同声相应，固天之理也。吾请释吾之所有而经子之所以⑤。子之所以者，人事也。天子诸侯大夫庶人，此四者自正，治之美也；四者离位而乱莫大焉⑥。官治其职，人忧其事，乃无所陵。故田荒室露⑦，衣食不足，征赋不属⑧，妻妾不和，长少无序，庶人之忧也；能不胜任，官事不治⑨，行不清白，群下荒怠⑩，功美不有⑪，爵禄不持⑫，大夫之忧也；廷无忠臣，国家昏乱，工技不巧，贡职不美⑬，春秋后伦⑭，不顺天子⑮，诸侯之忧也；阴阳不和，寒暑不时，以伤庶物⑯，诸侯暴乱，擅相攘伐⑰，以残民人，礼乐不节，财用穷匮，人伦不饬⑱，百姓淫乱，天子有司之忧也⑲。今子既上无君侯有司之势，而下无大臣职事之官，而擅饰礼乐，选人伦，以化齐民，不泰多事乎？且人有八疵，事有四患，不可不察也。非其事而事之，谓之摠⑳；莫之顾而进之㉑，谓之佞；希意道言㉒，谓之谄；不择是非而言，谓之谀；好言人之恶㉓，谓之谗；析交离亲，谓之贼；称誉诈伪以败恶人㉔，谓之慝；不择善否㉕，两容颊适，

【注释】

⑬侯王之佐：指做官的人。佐，助。
⑭还行：回头走。
⑮不免其身：难免身心受累。

①杖：撑。拏(nú)：通"挐"，亦作挐，船桨。引：引去，指撑开。
②窃：偷偷地。下风：膝下之风。表示卑恭。
③幸闻句：表示自己卑下，不配听尊者之言，只能听咳唾之音。
④卒：终。相(xiàng)：助。
⑤吾之所有：指道。
⑥离位：社会地位转化。表示斗争激烈。
⑦露：败坏。
⑧属(shǔ)：逮，及。不属：指不按时完成赋税。
⑨官事：职内的工作。不治：做不好。
⑩荒怠：荒废怠慢。
⑪功美：功绩荣誉。
⑫不持：不能保持。
⑬工技二句：工艺技术不够精巧，进贡的任务完成得不满意。贡职，

即职贡,把物品进贡给天子。

⑭春秋句:春天见天子曰朝,秋天见天子曰觐。朝觐时比同列的诸侯后到。伦,列。

⑮不顺句:触犯天子。

⑯庶物:众物,指畜牧庄稼之类。

⑰擅相句:不听王命,擅自互相攻伐。

⑱饬(chì):整顿好。

⑲有司:有关负责人。不便直指天子,故以天子有司指代天子。

⑳摠:通"总",包揽。

㉑莫之句:别人不理睬却投合进身。进,进身投靠。

㉒希意句:观察人的心意神态而说出一些迎合人的话。希,通"睎",观,望。

㉓好言句:喜欢讲人坏话。

㉔称誉句:称誉奸诈虚伪的人而又败坏自己所憎恶的人的名声。

㉕否(pǐ):坏。

㉖挂:悬取。挂功名:沽名钓誉。

偷拔其所欲,谓之险。此八疵者,外以乱人,内以伤身,君子不友,明君不臣。所谓四患者:好经大事,变更易常,以挂功名㉖,谓之叨㉗;专知擅事㉘,侵人自用㉙,谓之贪;见过不更,闻谏愈甚,谓之很㉚;人同于己则可,不同于己,虽善不善,谓之矜。此四患也。能去八疵,无行四患,而始可教已。"

【译文】

子贡回转来,把渔父所说的话报告孔子。孔子放下琴站起来说:"渔父是圣人吧?"于是走下杏坛去寻找渔父,走到水泽岸边,看见渔父正在持篙撑船。渔父回头看见孔子,转过身面向他站着。孔子后退,再次行礼,向前靠近。

渔父说:"你见我有什么事?"孔子说:"刚才,先生略言未尽而去,我孔丘不聪明,没有明白其中的道理,私下在此等候先生,希望有幸能听到先生的教诲,以便终能有助于我。"渔父说:"唉!你真是太好学习了!"孔子再一次行礼,说:"我小时就用功学习,直到今天,已经六十九岁了,还没有学到真理,怎敢不虚心呢!"

渔父说:"同类相聚会,同声相应和,本来是自然常理。请让我说明我的见解而分析你的作为。你所做的事,只是世俗之人所做的事情。天子、诸侯、大夫、众人,这四种人各守职位,就是治理社会的理想境界了。这四种人,如果离开各自的职位,就会造成天下大乱了。官吏做好本职的事务,人民处理好自己的事情,社会一点也不会混乱。所以,田地荒废,房屋破露,衣食不足,赋税不能按时交纳,妻子和侍妾不和,长幼失去尊卑序列,这是一般民众的忧虑。才能不能胜任职守,官吏不治理本职事务,行为不清廉,属下荒忽怠惰,无功于国,无誉于民,不能保持爵禄,这是大夫的忧虑。朝内没有忠臣,国家混乱,工艺技术失去精巧,贡品不佳,春秋朝拜天子而失去伦序,不顺天子心意，这是诸侯的忧虑。阴阳不和谐，寒暑交替不合时宜，万物遭到伤害，诸侯暴乱，擅自相互攻伐，残害人民，礼乐失度，财物耗尽而匮乏，人伦关系得不到整顿，百姓淫乱，这是天子和朝中主管官吏的忧虑。现在，你上没有君侯主管的权势，下又没有大臣和掌管事务的官位，却擅自修治礼乐，序定人伦关系，教化百姓，不是太多事了吗？况且人有八种毛病，事有四种祸患，不能不明察。并非自己分内的事而揽着去做，叫做包揽。人不理睬却进忠言，叫做巧佞。揣度别人的心意而说些迎合的话，叫做谄媚。不分是非而说奉承话，叫做阿谀。喜欢说别人的坏话，叫做谗害。离间亲友，叫做坑害。称誉伪诈来败坏别人，叫做奸邪。不分善人和恶人，兼容善恶而皆和颜悦色对待，暗中取得自己所欲之物，叫做阴险。人的这八种毛病，对外能惑乱别人，对内则伤害自身，君子不与其交友，圣明的君主不用其为臣。所说的四种祸患是：喜欢经营大的事业，改变常规，谋取功名，叫做贪多；自恃才智，专断独行，侵凌别人，刚愎自用，叫做贪婪；有过错不改正，听到劝谏则变本加厉，叫做执拗不从；别人同意自己的意见便可以，不同意自己的意见，虽好也不以为好，叫做自大。这就是四种祸患。能够去掉八种毛病，没有四种祸患的人，才是能够教育的。"

㉗叨(tāo)：叨窃，意即不应当占有而占有了。

㉘专知句：自以为是，个人独断。

㉙侵人自用：恃势凌人，刚愎自用。

㉚很：执拗的意思。

【原文】

孔子愀然而叹①，再拜而起，曰："丘再逐于鲁，削迹于卫，伐树于宋，围于陈蔡。丘不知所失，而离此四谤者何也？"客凄然变容曰："甚矣，子之难悟也！人有畏影恶迹而去之走者②，举足愈数而迹愈多，走愈疾而影不离身，自以为尚迟，疾走不休，绝力而死。不知处阴以休影③，处静以息迹④，愚亦甚矣！子审仁义之间，察同异之际⑤，观动静之变，适受与之度，理好恶之情⑥，和喜怒之节⑦，而几于不免矣⑧。谨修而身⑨，慎守其

【注释】

①愀(qiǎo)然：脸色改变的样子。

②畏影：害怕自己的影子。恶迹：厌恶自己的足迹。

③休影：使影子不见。

④处静：处于静止的状态。息迹：使足迹不再出现。

真,还以物与人⑩,则无所累矣。今不修之身而求之人,不亦外乎!"

【译文】

孔子惊愧地叹息,并且一再行礼而起,说:"我孔丘两次被驱逐出鲁国,不再到卫国去,在宋国遭到伐树的羞辱,被围困在陈与蔡之间。我不知道自己有何过错,而竟遭到这四次羞辱,不知究竟是何原因。"渔父表现出很悲凉的样子,改变容颜说:"你真是太难觉悟了!有人害怕自己的身影、厌恶自己的足迹,想避开它而跑掉,迈步愈速而足迹愈多,跑得愈快而身影愈不离身,自认为还是跑得缓慢,便快跑不停,用尽气力而死掉。不知道停在阴暗的地方而止息身影,停留在静止状态而息灭足迹,实在是愚蠢至极!你审查仁义的区分,察明事物异同的界限,观察动静的变化,掌握取舍的尺度,控制好恶的感情,调和喜怒的节度,你几乎不能免遭祸患。谨慎地修养自身,慎重地保持真性,把身外之物归还他人,便没有拘累了。如今,你不修养自身反而苛求他人不是舍内而务外了吗?"

【原文】

孔子愀然曰:"请问何谓真?"客曰:"真者,精诚之至也。不精不诚,不能动人。故强哭者,虽悲不哀;强怒者,虽严不威;强亲者,虽笑不和。真悲无声而哀,真怒未发而威,真亲未笑而和。真在内者,神动于外,是所以贵真也。其用于人理也,事亲则慈孝,事君则忠贞,饮酒则欢乐,处丧则悲哀。忠贞以功为主,饮酒以乐为主,处丧以哀为主,事亲以适为主。功成之美,无一其迹矣①;事亲以适,不论所以矣②;饮酒以乐,不选其具矣③;处丧以哀,无问其礼矣④。礼者,世俗之所为也⑤;真者,所以受于天也⑥,自然不可易也⑦。故圣人法天贵真⑧,不拘

⑤际:界限。
⑥理:分析。
⑦和:调和。节:度,分寸。
⑧不免:指不免于祸患。
⑨而:你。
⑩与:给。还以物与人:把东西归还给别人,意即与人无争。

【注释】

①无一句:无,通"毋"。迹,途。句意谓不需限于一种途径。
②不论句:以,用。句意谓不管用哪种办法。
③具:器具,指饮酒的器具。
④礼:指礼节仪式。
⑤所为:人为地造出来的东西。

于俗。愚者反此。不能法天而恤于人⑨，不知贵真，禄禄而受变于俗⑩，故不足。惜哉，子之蚤湛于人伪而晚闻大道也！"

⑥受于天：出于天然。
⑦自然句：易，改变。改变则失真。
⑧法天：效法自然。贵真：珍重精诚。
⑨恤：忧。恤于人：忧心于人事。
⑩禄禄：通"逯逯"，凡庸的样子。受变于俗：受世俗影响而变。

【译文】

孔子惊愧地说："请问什么叫真？"渔父说："真嘛，就是精纯诚实的最高境界！不精纯、不诚实，就不能感动人。所以，勉强装哭的人，虽然表面上很悲痛而并不哀切；勉强发怒的人，虽然表面上严厉而并不威严；勉强亲热的人，虽然满面笑容而并不和善。真正悲痛的人，虽然并没发出悲痛的声音却十分哀切；真正发怒的人，虽然并没有发作出来却十分威严；真正亲热的人，虽然并没有满面笑容却让人感到十分和善。真诚蕴涵在内，精神便会表露于外，这便是以'真'为可贵的原因。把'真'用在人伦关系上，侍养双亲便会慈善孝顺，辅佐国君便会忠贞不贰，饮酒便会感到快乐，居丧便悲痛哀切。忠贞以建功为主，饮酒以快乐为主，居丧以哀切为主，侍养双亲以舒适为主。建立美好的功业，是不拘于一种形式的。侍养双亲给予他们舒适，是不讲究用什么方法的；饮酒能够快乐，是不选择使用何种器具的；居丧能表现出哀切，是不管用何种礼节的。礼节，是世俗之人设制出来的；纯真，禀受于自然，由于出于自然所以是不能改变的。所以，圣人取法于自然，贵重纯真，不受世俗的拘束。愚蠢的人与此相反，不能取法于自然，而却忧虑不能与世人相合，不知道贵重纯真，庸庸碌碌地随着世俗而变化，所以总不知满足。可惜啊，你早就沉溺在虚伪的世俗之中，而学习大道太晚了！"

【原文】

孔子又再拜而起曰："今者丘得遇也，若天幸然①。先生不羞而比之服役而身教之②。敢问舍所在，请因受业而卒学大道。"

【注释】

①幸：指得天道者的亲近。

客曰："吾闻之，可与往者③，与之至于妙道；不可与往者，不知其道。慎勿与之，身乃无咎。子勉之，吾去子矣，吾去子矣！"乃刺船而去④，延缘苇间⑤。

【注释】

②不羞：不以为耻辱。
比之服役：视同弟子。
③与往：一齐前往。
④刺船：撑船。
⑤延：慢行。

【译文】

孔子又一再行礼站起来说："今天我能遇到先生，好似上天对我的宠爱。先生不感到羞辱，乃把我当做门徒，亲自教诲我。请问先生居住何处，让我跟着受业，以最终能够学到大道。"渔父说："我听说，能够迷途知返的人就与他交往，直至传授给他玄言妙道；不知迷途知返的人，不懂得大道，慎勿与他交往，自身也就不会招来祸害。你自己努力吧，我离开你了，我离开你了！"渔父便撑船离开，沿着芦苇边缓缓划向苇丛深处。

【注释】

①授绥：把上车时拉的绳子交给孔子。
②不闻句：说明对渔父异常崇敬。
③为役：做弟子。
④遇：接待。威：肃敬。
⑤逆：通"迎"。
⑥要：通"腰"。磬（qìng）：乐器，形曲折。磬折，折腰鞠躬如磬的样子。
⑦言拜而应：渔父说话，孔子先拜而后敢应答。
⑧轼：车前扶手横木。
⑨由：从中产生。

【原文】

颜渊还车，子路授绥①，孔子不顾，待水波定，不闻拏音而后敢乘②。子路旁车而问曰："由得为役久矣③，未尝见夫子遇人如此其威也④。万乘之主，千乘之君，见夫子未尝不分庭伉礼，夫子犹有倨敖之容。今渔父杖拏逆立⑤，而夫子曲要磬折⑥，言拜而应⑦，得无太甚乎！门人皆怪夫子矣，渔人何以得此乎！"孔子伏轼而叹⑧，曰："甚矣，由之难化也！湛于礼仪有间矣，而朴鄙之心至今未去。进，吾语汝：夫遇长不敬，失礼也；见贤不尊，不仁也。彼非至人，不能下人。下人不精，不得其真，故长伤身。惜哉！不仁之于人也，祸莫大焉，而由独擅之。且道者，万物之所由也⑨。庶物失之者死，得之者生。为事逆之则败，顺之则成。故道之所在，圣人尊之。今渔父之于道，可谓有矣，吾敢不敬乎！"

【译文】

　　颜渊调转车头，子路把绥交给孔子，孔子不回头看车，等到水波平定，听不见桨声而后方敢乘上马车。子路靠着马车问孔子说："我做先生的弟子已经很久了，未曾看见先生对人如此敬畏。万乘之君主，千乘之诸侯，看见先生未曾不平等相待，先生还表现出傲慢的表情。而今天渔父手持着船篙对面而立，先生像石磬一样弯腰鞠躬，听了渔父的话先拜后答，难道不是太过分了吗？弟子都怪先生呢，一个渔父怎么能受到如此敬重！"孔子伏身倚靠车前的横木而感叹，说："仲由太难教化了！你沉溺在礼仪中已经太久了，你那朴拙鄙野的心至今还未能除去。往前面来，我告诉你：见到长者不表示恭敬，便失礼了；见到贤人而不尊重，便是不仁。渔父如若不是道德完美的人，是不能使人谦下的。对人谦下不精诚，就不能学习到大道，所以也就常常会伤害自身。可惜啊！作为人而不仁，祸患没有比它再大了，而你偏偏有这种毛病。况且大道，它是万物产生的根源。万物丧失大道便会死亡，得到大道便会生长。做事违背大道就失败，顺应大道就能成功。大道所在之处，圣人就尊崇它。如今渔父对于大道，可以说已经得到了，我怎么敢不敬重他呢！"